Gartenlust
statt Gartenfrust

Für Luca

Marion Nickig/Heide Rau

Gartenlust statt Gartenfrust

Ein nützlicher Begleiter durchs Gartenjahr

Ellert & Richter Verlag

Inhalt

Herbst

Winter

Gärtnern macht glücklich

Dumme hasten,
Kluge warten,
Weise gehen in den Garten.
Rabindranath Tagore (1861–1941)

Jedes Jahr aufs Neue erwacht die Lust auf Garten mit Kribbeln und Vorfreude auf die ersten Schneeglöckchen, die ihre zarten Blüten dem Winter zum Trotz sogar aus dem Schnee emporrecken. Das ist das Startsignal: Es geht wieder los! Ich kann es kaum erwarten, neue Blütenträume zu pflanzen, immer mit der Vision meines Traumgartens vor Augen. In diesem Jahr gelingt es bestimmt. Es wird ausreichend Regen geben und genug Sonne, alles wird wachsen und gedeihen, nur das Wildkraut und die Schädlinge nicht. Gut, dass Gärtner mit einer gehörigen Portion Optimismus und Tatkraft ausgestattet sind. Denn Garten heißt warten. Und hoffen, bangen, sich freuen und ärgern. Wer gärtnert, erlebt hautnah Freuden und Kümmernisse gleichzeitig, immer mit einem lachenden und einem weinenden Auge. „Gärtner sind unter Sorgen glücklich", las ich einmal. Das trifft es genau.

Einen Garten zu besitzen, ist ein großes Privileg. Wir können dieses kleine Stückchen

Welt nach unseren Vorstellungen und Wünschen formen. Bei mir sind die Erinnerungen an die Gärten meiner Kindheit präsent: der süße Duft von Flieder, Rosen und Falschem Jasmin, der würzige Geruch von Buchsbaum im Sonnenschein und der Geschmack reifer Stachelbeeren und selbst gemachten Himbeersirups, die Pracht rubinroter Johannisbeeren und die knackige Konsistenz der hellroten Knapp-Kirschen. Alles das und noch viel mehr bildet jetzt auch die Basis für Gartenglück in unserem Garten. Wenn es manchmal scheint, als ob die Kümmernisse überwiegen, wenn Schnecken, Wühlmäuse und Regen mich fast verzweifeln lassen, dann wende ich mich intensiv dem Schönen zu, denn Freude und Leid existieren immer nebeneinander. Schon der Duft einer einzelnen Rose kann mich wieder glücklich machen.
Und dann gibt es Tage wie diese: Alles ist auf irgendeine Weise perfekt. Die Sonne scheint im richtigen Winkel durch die goldfarbenen Blätter des Perückenstrauchs *Cotinus coggygria* 'Golden Spirit', daneben leuchten wie gemalt die Blüten der Taglilie, das Chinaschilf raschelt leise im Wind und die Vögel zwitschern. Alle Obstbäume haben Früchte angesetzt und die Rosen sind voller Knospen. Solche Tage machen das Herz weit und entschädigen für viele Niederlagen. Besonders

glücklich bin ich aber auch bei der Gartenarbeit. Wenn ich völlig vertieft jäte, pflanze und umpflanze – immer mit der Vision vor Augen, wie der Garten noch schöner werden kann –, bin ich im Einklang mit mir selbst und der Welt. „Der Mensch ist dann am glücklichsten, wenn er aktiv mit einer Aufgabe beschäftigt ist, die seine geistigen und

Eine barocke Engelsfigur schaut zu: Vielleicht „beflügelt“ der steinerne Putto bei der Arbeit im Garten.

körperlichen Kräfte voll in Anspruch nimmt“, sagt der amerikanische Psychologe Mihaly Csikszentmihaly in seinem Buch „Flow   Das Geheimnis des Glücks“. „Dann befindet man sich im Flow, ein außergewöhnlicher Bewusstseinszustand, in dem alle Unannehmlichkeiten des Lebens vergessen sind.“ Jedenfalls für kurze Zeit. Dieses

Süßen Duft verströmt die Bourbonrose 'Louise Odier'. Sie blüht sehr reich und gehört zu den schönsten öfter blühenden Alten Rosen.

Gefühl, hat man es einmal gespürt, will der gärtnernde Mensch immer wieder spüren. Die Voraussetzungen sind gut, denn Arbeit ist genug da.
Glücklich macht auch das Entdecken neuer Pflanzen. Einer der schönsten Orte ist für mich eine Gärtnerei mit Raritäten. Dort kann ich so richtig in Vorfreude schwelgen.

Ich mache gerne Jagd auf farbige Blattpflanzen. Vielleicht sammeln Sie auch eine bestimmte Art, dann wissen Sie, wie glücklich eine neue Sorte machen kann. Dieses aufregende Gefühl brachte kürzlich in einer holländischen Gärtnerei ein befreundeter passionierter Gärtner auf den Punkt: „Man könnte verrückt werden!" Wir Hobbygärtner sind verrückt, aber glücklich. Nicht immer, aber oft genug.
Meine persönlichen Erfahrungsberichte auf dem Weg zum Traumgarten sind über einen Zeitraum von fünf Jahren in der Zeitschrift Flora als regelmäßige Kolumnen erschienen. Eine Auswahl der besten Kolumnen, angereichert mit vielen praktischen Tipps aus meiner Gartenwerkstatt für die Rosenpflege, Vermehrung von Kräutern, Buchs- und Eibenschnitt und mit einer anregenden Rezeptauswahl von Brennnesselsuppe und Gierschtomaten bis zu Köstlichkeiten mit Rosenblüten, sind hier zu einem Lesebuch zur Inspiration und Information für Sie zusammengestellt worden. Genießen Sie mit mir den Duft der ersten Veilchen, bewundern Sie die überquellenden Rosenträume im Sommer, die Farbenpracht im Herbst und den Blütenzauber mitten im Winter.

Frühjahr

Frühlingsvisionen

Zauberhafte Teppiche, gewebt aus Schneeglöckchen und Winterlingen, sind ein außergewöhnliches Schauspiel im Vorfrühling. Mit etwas Geduld können Visionen wahr werden.

Viele Jahre habe ich von goldgelben Teppichen aus Winterlingen *Eranthis hyemalis* geträumt. Es heißt, dass sie aus nur 20 Knollen entstehen. Ich habe die kleinen, verschrumpelt aussehenden Knöllchen vorschriftsmäßig zwei Tage vor dem Pflanzen eingeweicht. Aber nur ein einziges konnte sich dazu entschließen zu treiben und zu blühen. Hartnäckig versuchte ich es Jahr für Jahr, jedesmal mit 20 Knollen. Der Erfolg blieb leider aus.
Trotzdem habe ich jetzt meine goldgelben Lichtblicke. Die Winterlinge stammen aus einem wunderschönen Münchner Frühlingsgarten. Dort wurden sie ausgegraben und einige Tage später blühten sie völlig unberührt von dem Ortswechsel in unserem Garten. Zu meiner Freude haben sie sich jetzt etabliert und säen sich reichlich aus. In Gartencentern gibt es neuerdings aber auch Winterlinge in Töpfen. Sie können an frostfreien Tagen jederzeit ausgepflanzt werden. Ob sonnig oder halbschattig, den Winterlingen ist das ziemlich egal. Der Boden sollte

In Schnee eingebettet verzaubert der Winterling *Eranthis hyemalis* mit leuchtend gelben Blüten den Vorfrühling.

aber humos sein und nicht zu stark bearbeitet werden, denn das stört die Selbstaussaat. Die Samen sind Frostkeimer, sie benötigen einen Wechsel zwischen Frost und Auftauen. Experten frieren sie in der Tiefkühltruhe ein und tauen sie bis zu zehnmal (!) wieder auf, bevor sie sie im Herbst endgültig säen. Das habe ich noch nicht ausprobiert, sondern

bisher die Natur für mich arbeiten lassen. Schneeglöckchenteppiche erfordern etwas mehr Aufwand. Jahrelang haben wir größere Horste zur Blütezeit geteilt und in Teilstücken wieder eingepflanzt. Eine Aufgabe, die sogar den Kindern Spaß machte, weil der Erfolg sofort sichtbar war. Natürlich kann man auch auf die fleißigen Ameisen hoffen.

Nichts für Ungeduldige ... ein dicht gewebter Teppich aus Winterlingen, Krokussen, Schneeglöckchen und Märzbechern

Sie tragen den Samen bis in die letzten Winkel des Gartens. Aber das dauert wesentlich länger.
Unverdrossen trotzen beide Vorfrühlingsblüher dem Winter. Sie erscheinen Jahr für Jahr geduldig in immer größerer Zahl. Sie lieben Gesellschaft aller Art wie das Leberblümchen *Hepatica nobilis*, das im Gegensatz zum

Gartentipp

Eigentlich sollte ich mit der Gartenschere und der Hacke auch gleich das Gartentagebuch, Lesebrille und Kugelschreiber mit nach draußen nehmen. Denn wenn ich dort am Werkeln bin, fällt mir immer irgendetwas ein, dass ich dringend notieren muss. Das liest sich zum Beispiel so: „Zu gelber Iris violette Akelei setzen. Vergissmeinnicht auch in die Kräuterbeete – das strahlende Himmelblau ist besonders schön zu silbrigem Salbei.“ Selbst die besten Ideen vergisst man leicht, wenn sie nicht aufgeschrieben werden. Zu den Umpflanzzeiten im Frühjahr und Herbst durchforste ich dann meine Notizen. So manche Idee wird auch wirklich in die Tat umgesetzt. Nicht nur für Tipps und kleine Gartenschwärmereien, sondern auch für Stoßseufzer über Wetterkapriolen oder Schädlingsinvasionen eignet sich das Gartentagebuch. Auf den letzten Seiten notiere ich meine Wunschlisten und die Namen der Pflanzen, die ich neu gekauft habe. Sie geraten nämlich auch schnell in Vergessenheit.

Schneeglöckchen im Sommer geteilt werden sollte. Oder den fliederfarbenen Elfenkrokus *Crocus tommasinianus* und die kleinen winterblühenden Alpenveilchen *Cyclamen coum.* Auch bei ihnen ist es besser, Topfware zu verwenden, die Knollen trocknen vermutlich zu stark aus. Sie mögen schattige Plätze unter Bäumen und säen sich auch selbst aus, wenn sie sich an ihrem Standort wohl fühlen. So sehr ich ihre Zartheit, gepaart mit einer gewissen Hartnäckigkeit, bewundere – die Hauptrolle spielen für mich in jedem Jahr die Winterlinge mit ihrer butterblumengelben Fröhlichkeit!

Farbkombinationen verbessern

Wenn Ihnen ein Gartenbild nicht gefällt, können Sie auch gleich für Abhilfe sorgen. Setzen Sie blühende Pflanzen, die farblich stören, beherzt um. Auch mitten in der Saison ist das kein Problem, wenn anschließend bei Trockenheit regelmäßig gewässert wird. Genießen Sie für einen Moment die neue Farbharmonie. Dann sollten jedoch die Blüten zurückgeschnitten werden, denn sonst schafft die Pflanze den Standortwechsel nicht.

Lungenkraut und Leberblümchen

Vorfreude ist die schönste Freude.
Bald kommen die lang erwarteten Frühlingsblüher und kündigen – noch etwas zaghaft – den Frühling an.

Geht es Ihnen auch so wie meiner Nachbarin, die den Frühling kaum erwarten kann? Sie geht täglich in den Garten, „um die Blüten aus dem Boden zu gucken". Ob es wirklich hilft?
Wie wir alle freue ich mich auf die ersten Blüten im Garten. Deshalb habe ich das heimische Lungenkraut *Pulmonaria officinalis* gepflanzt, das manchmal schon im Februar blüht. Es wird im Volksmund „Brüderchen und Schwesterchen" genannt, weil sich die Blüten von Rosarot zu Blauviolett verändern. Das erklärt mein botanisches Fachbuch so: „Die Verfärbung der Blüten wird durch eine Veränderung des Zellsaftes hervorgerufen. In jungen Blüten ist er sauer, der Farbstoff ist dann rot. In älteren ist der Zellsaft neutral bis alkalisch, der Farbstoff ist blau." Aha, wieder etwas dazugelernt.
In unserem Garten sät sich das heimische Lungenkraut verschwenderisch aus. Deshalb entferne ich viele Pflanzen nach der Blüte. Den Platz brauche ich zum Beispiel für die später im April blühende Sorte 'Sissinghurst White' mit weißen Blüten und *Pulmonaria*

Das Leberblümchen *Hepatica nobilis* liebt schattige, ungestörte Plätze. Das herzförmige Blatt stammt von *Lunaria annua*, dem bekannten Judassilberblatt.

saccharata 'Reginald Kaye' mit hellblauen Blüten. Oder für *Pulmonaria longifolia*, das mir wegen der langen, schmalen, silbrig gesprenkelten Blätter besonders gut gefällt. Nach der Blüte schneide ich bei allen den Blattschopf bis zum Boden ab. Die neu austreibenden, schön gefleckten Blätter hellen dann manche Schattenecke auf. Alle mögen

Hepatica nobilis var. *japonica* 'Rubra Plena': dichtgefüllt, dunkelrosa und sehr selten

einen humosen, kalkhaltigen Boden im Halbschatten, genau wie das heimische Leberblümchen *Hepatica nobilis* mit anemonenartigen, hellblauen Blüten und schön geformten, dreilappigen Blättern. *Hepatica transsylvanica* blüht sogar schon zwei Wochen früher! Für Abwechslung sorgen 'Rosea' in Rosarot und die seltene und teure

'Rubra Plena' mit gefüllten Blüten. Bei Sammlern sind Leberblümchen und Lungenkraut gleichermaßen beliebt. Bevor Sie jetzt nachgucken, ob wirklich schon Blüten da sind, gebe ich es zu: Eigentlich blühen alle erst ab März. Wer zu ungeduldig ist, kann ja die zuerst erwähnte Methode ausprobieren.

Die hellgrünen Blätter von *Pulmonaria saccharata* 'Reginald Kaye' zeigen auffallende, weiße Flecken, die Blüten sind hellblau.

Der Duft der ersten Veilchen

Betörend süß ist der Duft der Veilchen.
Doch er spielt mit uns Verstecken.

Der wunderbare, warme Duft der Veilchen überrascht mich in jedem Frühjahr aufs Neue. Fast sommerlich erscheint das köstliche Parfüm. Aber stecken Sie mal die Nase tief in ein Sträußchen. Nach dem ersten betörenden Atemzug riechen Sie – nichts mehr! Wollen die bescheidenen Frühlingsboten etwa nicht gepflückt werden? Oder sind die Riechzellen nach dem ersten Duftrausch schon übersättigt? Im 19. Jahrhundert riet man den jungen Mädchen, immer mal wieder an ihren Veilchenbuketts zu schnuppern, die sie von ihren Verehrern überreicht bekamen. Nach einer Pause scheinen sich die Riechzellen zu „erholen" und der süße Duft kann wieder wahrgenommen werden.
Ich kenne aber noch einen Trick, um den Duftgenuss auszudehnen. Nein, nicht durch ein Veilchenparfüm oder das Lutschen der Veilchenpastillen aus Kindertagen. Versuchen Sie mal, den Duft mit Zucker zu konservieren. Dazu werden die Blüten mit einem Pinsel und leicht verschlagenem Eiweiß betupft, mit feinem Zucker bestreut und auf einen Kuchenrost zum Trocknen gelegt. Die gezuckerten Blüten können Sie entweder so

Veilchen und Verwandte
Zu früh sind sie verblüht, die lilafarbenenen Lieblinge – aber nicht alle, wenn auch die meisten, sind lila.
Es gibt sie in Weiß *Viola odorata* 'Alba', in Gelb 'Irish Elegance' und in Purpurrot 'Red Charme'. 'Sulphurea' zeigt sich aprikosenfarben mit lila Spitzchen. Ihr Duft ist nicht sehr stark. Im Herbst noch ein zweites Mal blüht die hell violettblaue 'Königin Charlotte'.
Alle lieben kühle, luftfeuchte Plätze im lichten Schatten von Gehölzen.
Sie vertragen volle Sonne, wenn der Boden ausreichend feucht ist. Damit es am Veilchenstandort noch länger blüht, können Sie Hornveilchen *Viola cornuta* dazupflanzen.
Sie bezaubern mit niedlichen Blütengesichtern, sind aber nicht sehr langlebig. Pflanzen Sie robuste Sorten wie die malvenfarbene 'Aubergine' und die hellblaue 'Boughton Blue'. Wenn sie zwischendurch kräftig zurückgeschnitten werden, blühen sie bis zum Herbst.

naschen oder wie in früheren Zeiten als Kuchen- oder Dessertdekoration nutzen. Ein Genuss – wie das Veilchengedicht von Hermann Hesse.

Der Duft des Veilchens
schwingt sich zart und lustbeklommen
über licht begrünte Hecken,
lockt dich, lässt dich näher kommen,
spielt ein schelmisches Verstecken,
löst in deiner Seele leise
eine langeher vergessene
süße, dennoch unermessene
heimatliche Liebesweise.

Am schönsten sehen Duftveilchen aus, wenn verschiedene Farbnuancen miteinander kombiniert werden.

Kräuterfrische aus dem Topf

Kräuter in Töpfen sind pflegeleicht.
In Küchennähe hat man sie beim Kochen schnell zur Hand.

Kräuter im Topf sind nicht nur für Balkonbesitzer sinnvoll. Obwohl die Kräuter bei uns im Bauerngarten rings in vier Beeten um eine Buchskugel wachsen und sich zusätzlich überall aussäen, gibt es direkt vor der Küche noch eine Topfgesellschaft mit verschiedenen Kräutern. Dort sind sie schnell zur Hand und ich kann auch fünf Minuten vor zwölf noch ein paar Kräuter für die Küche ernten. Bei Regen ersparen sie feuchte Suchaktionen, die je nach Rezept querbeet ablaufen können. Ein Sammelplatz für Kräutertöpfe ist der „Grill", ein mit Efeu beranktes, aus wuchtigen Sandsteinblöcken gemauertes Unikum auf unserer Terrasse. Gegrillt wird inzwischen woanders, denn der Platz ist ständig besetzt. Fast in Nasenhöhe kann man hier an den Kräutern schnuppern und die neuesten Raritäten beobachten. Ich sehe frühzeitig, ob sie die spezielle Erdmischung mögen oder etwas mehr Wasser oder auch Dünger brauchen, und vergesse nicht, ihre Qualitäten in der Küche auszuprobieren. Denn manchmal trifft gerade bei Neuanpflanzungen im Garten das Sprichwort zu: „Aus den Augen, aus dem Sinn."

Sorgen für Abwechslung in der Küche: Töpfe mit Thymian, Salbei, Schnittlauch, Dill, Melisse und Petersilie.

Es muss nicht unbedingt ein Grill sein, auf dem die Kräutertöpfe stehen. Ein kleines Tischchen tut es auch. Und jede Treppe, die mehrere Stunden Sonne am Tag hat, kann zur Kräutertreppe werden. Wenn dort intensiv duftende Pflanzen ihren Platz finden wie die Zitronenverbene *Aloysia triphylla*, Duftpelargonien oder der Honigmelonensalbei

Inmitten von Duftpelargonien, Gewürztagetes und Fuchsien ist die Büste im klassischen Stil ein attraktiver Blickfang.

Salvia elegans 'Tangerine', werden bei jeder Berührung aromatische Duftwolken frei. Rosmarin, Salbei, Thymian und Basilikum sind in der Kräuterküche besonders wichtig. Sie gedeihen gut im Topf, wenn sie eine ausreichend bemessene Drainage aus Tonscherben unter ihren Füßen haben und den sonnigsten Platz auf Ihrer Terrasse erhalten. Kräuter sind eine pflegeleichte Alternative zu den üblichen Balkonblumen. Im Spätsommer pflanze ich die winterharten Kräuter in den Garten. Die frostempfindlichen Südländer haben ihren Überwinterungsplatz im Haus bei ungefähr 5° C.

In großen Gefäßen kann sogar ein Kräutergarten „en miniature" gepflanzt werden, zum Beispiel verschiedene Salatkräuter und noch der Salat – am besten Schnittsalat – gleich dazu. Kräuter sollten aber immer nach ihren Bedürfnissen zusammengesetzt werden. Dann fühlen sie sich in der Gemeinschaft wohler als allein. So ausgestattet, können Sie, auch wenn die Suppe schon aufgefüllt ist, schnell noch ein paar Kräuter darüber schneiden. Und zum Grillen sind Rosmarin und Thymian gleich in Reichweite.

Kräutertöpfe an Treppen

Kräuter in Töpfen begleiten Treppenstufen aufs Schönste. Wenn Sie auf der Terrasse wenig Platz für Töpfe haben, bieten sich die Randbereiche von Treppen als Stellplatz an. Für sonnige Standorte eignen sich Lorbeer, Thymian, Lavendel, Basilikum, Rosmarin und Zitronenverbene. Etwas Schatten vertragen Pfefferminzpelargonie, Ananas-, Honigmelonen- und Fruchtsalbei, Zitronenmelisse und Kapuzinerkresse. Gönnen Sie sich im Vorbeigehen das Vergnügen, ab und zu ein Blättchen abzuzupfen und den Duft zu genießen. Auch durch Wind oder Berührung werden die aromatischen Düfte freigesetzt.

Kräuter vermehren

Mit einem scharfen Messer fingerlange Triebspitzen von Lavendel, Salbei oder Thymian schneiden. Sie lassen sich auf diese Weise gut vermehren. Die unteren Blätter entfernen und in einen Topf mit Erd-Sand-Mischung stecken, gut wässern und halbschattig aufstellen. Mit einem Einkochglas oder Plastikbeutel abdecken. Nach drei bis vier Wochen, wenn der Neuaustrieb sichtbar ist, abnehmen. Wenn die neuen Pflänzchen gut bewurzelt sind, können sie in Kräutererde umgepflanzt werden.

Absenker von Thymian
Wählen Sie einen herabhängenden Trieb und drücken Sie ihn in die Erde. Mit einer Klammer feststecken und etwas Substrat darüberhäufeln. Nach einiger Zeit bewurzelt der Trieb und kann von der Mutterpflanze getrennt werden. So lassen sich auch Lavendel, Salbei, Bergbohnenkraut und Rosmarin leicht vermehren.

Kräuter umtopfen
Eine lockere Substratmischung aus Pflanzerde, Sand und Kompost, jeweils zu einem Drittel, können Sie auch leicht selber mischen. Tonscherben auf den Abzugslöchern und eine Schicht Blähton sorgen für gute Drainage. Stark gedüngte Blumenerde und Mineraldünger mit hohem Stickstoffgehalt sind nicht geeignet. Zu üppige Nährstoffe mindern das Aroma.

Alle Salbeisorten lassen sich leicht durch Triebspitzen vermehren. Am besten für die Küche geeignet ist Salbei *Salvia officinalis* 'Berggarten'.

Wühlmäuse und andere Tulpenliebhaber

Tulpen gehören zum Frühling einfach dazu. Alle lieben sie, auch ich. Leider sind die Zwiebeln bei den Wühlmäusen ebenso begehrt.

Haben Sie schon mal gesehen, wie vor Ihren Augen gerade erblühte Tulpen ganz langsam im Boden verschwinden? Empörend! Aber wahr. Wühlmäuse sind unbestritten die größten Liebhaber dieser einstmals exotischen Zwiebelblume. Sie fressen die mühsam gepflanzten Zwiebeln gnadenlos auf – ohne Rücksicht auf deren ruhmreiche Vergangenheit.

Die schönen „Tulipane“ aus den Haremsgärten der Sultane infizierten in den Niederlanden im 17. Jahrhundert so manchen Zeitgenossen mit dem „Tulpenfieber“ und galten als besonders kostbar – wie so viele Neuigkeiten aus fernen Ländern. Die begehrten Zwiebeln wurden sogar an der Börse gehandelt und mit Gold aufgewogen, trieben aber auch so manchen Spekulanten in den Ruin. Heute sind sie für jeden erschwinglich und gehören zu den größten Frühlingsfreuden. Auch für mich. Aber nur, wenn die gefräßigen Wühlmäuse einige meiner in jedem Jahr unverdrossen gepflanzten Tulpenschätze übersehen. Sie scheinen mich in jedem Herbst genau zu beobachten, wo und mit

Hellt Dunkles auf: die reinweiße Tulpe 'White Triumphator' mit violettblauer Akelei. Alle lilienblütigen Tulpen halten sich als Schnittblume lange in der Vase.

welchen Schutzmaßnahmen ich die Zwiebeln in ihr ureigenstes Revier, unsere Gartenerde, bringe. Manchmal glaube ich, der Habsburger Diplomat Busbecq hat die Tulpen eigens für die Wühlmäuse als vitaminreiche Zusatzkost in der entbehrungsreichen Winterzeit vom Hofe des Sultans Suleiman des Prächtigen mitgebracht.

Schöne Tulpensorten
Frühe Sorten:
'Apricot Beauty', aprikosenfarbig, mittelfrüh, 30 cm
'Appeldoorn Elite', rot-gelb, wetterfest, mittelfrüh, 60 cm
'Carlton', himbeerrot, gefüllt, früh, 30 cm
Triumpf-Tulpen, bunte Mischung, mittelfrüh, 40–50 cm

Späte Sorten:
'Sorbet', rot-weiß geflammt, 60 cm
'Angelique', zart rosafarben, gefüllt, duftend, 40 cm
'Lila Perfection', lila, gefüllt, 45 cm
'China Pink', lilienblütig, rosa, 50–60 cm
Rembrandt-Tulpen, bunte Mischung, geflammt, 45 cm

Ja, ich habe schon alles ausprobiert: meine Favoriten in die grünen Plastikschalen gesetzt, die als sicherer Schutz gelten. Ich habe sie auf Wermutzweige gebettet, deren starker Geruch den Mäusen angeblich nicht zusagt. Aber nichts hält sie von ihrer Lieblingsspeise ab. Irgendwann habe ich resigniert und mich den Narzissen zugewandt, denn die mögen die unterirdischen Quälgeister überhaupt nicht. Sie wirken sogar als Schutz, wenn sie kreisförmig um die begehrten Zwiebeln gepflanzt werden. Neulich erhielt ich noch einen Tipp: musikalische

Glückwunschkarten bei der Pflanzung mit dazulegen. Wühlmäuse lieben keine Musik. Das unterscheidet sie eindeutig von allen anderen Tulpenliebhabern.

Die späte Tulpe 'China Pink' ist eine elegante Erscheinung mit leicht gebogenen, oben zugespitzten Blütenblättern.

Wenn die Wildkräuter wieder sprießen

Wehret den Anfängen! Den Kampf gegen Giersch & Co. gewinnt man am ehesten, wenn das Unkraut so früh wie möglich entfernt wird.

Gute Vorsätze werden nicht immer nur zu Sylvester gefasst. Ein idealer Termin, wenigstens für Gärtner, ist der März, wenn die Unkrautsaison beginnt. Frischen Muts nehme ich mir in jedem Jahr aufs Neue vor, den Garten endlich „in den Griff zu bekommen". Das heißt: Ab sofort wird regelmäßig gejätet. Eine Nachbarin verriet mir ihr Rezept für einen unkrautfreien Garten: jeden Tag eine Stunde jäten, und wenn das mal nicht klappt, am nächsten Tag zwei. 365 Stunden Gartenarbeit müssten ja eigentlich genügen. Ich hab's versucht. Irgendwann konnte ich den Rückstand von ungefähr 20 Stunden nicht mehr aufholen.
„Don't pass a weed", sagen die Engländer. „Geh nicht an einem Unkraut vorbei." Leider tut man das oft. „Das mache ich später", ist die schnell vergessene Parole. So manche Brennnessel hat da schon ihr Wurzelwerk bis in die zarten Nachbarpflanzen gewebt. Fast harmlos wirkt die Brennnessel gegenüber dem Gärtnerfeind Nummer Eins: dem Giersch. Der widersetzt sich allen Versuchen ihn zu entfernen. Merkwürdigerweise nistet

Brennnesseln sind reine „Vitaminbomben“ und – ganz jung gepflückt – eine wirklich leckere Suppenzutat mit mildem Spinatgeschmack. Am besten mit Handschuhen ernten und dann mit dem Nudelholz überrollen. Das entschärft die Brennhaare.

er sich besonders gern in den Wurzelstock der Pfingstrosen ein. Ein Rezept dagegen kenne ich leider nicht. Außer sie auszugraben, die feinen weißen Gierschwürzelchen pingeligst zu entfernen und die Pfingstrose wieder einzupflanzen. Ansonsten versuche ich es mit Mulchen. Unter einer mindestens 20 Zentimeter hohen Mulchdecke aus gejätetem Unkraut verschwindet er auf Dauer. Hinter der Barriere einer großen kegelförmig beschnittenen Eibe lasse ich sogar eine kleine „Gierschplantage“ wachsen. Im Frühjahr ist das Kraut nämlich eine leckere, gesunde Suppen- und Salatzutat.
Eine gewisse kulinarische Toleranz hege ich auch gegenüber der Brennnessel. Auch sie wandert ab und zu in den Suppentopf oder

in die Teekanne. Und wenn ich gleich in den Garten gehe, werde ich erstmal die vor Gesundheit strotzende Brennnessel entfernen, ehe sie sich allzu breit macht. Ich glaube einfach nicht an das Gerücht, dass sie heilsam auf andere Pflanzen wirkt. Da koche ich mir lieber daraus einen Brennnesseltee. Die Wildkräuter zu essen verbessert auf jeden Fall die Grundeinstellung zur Unkrautfrage. Wohl bekomm's!

Küchentipp

Brennnesselsuppe
500 g Kartoffeln
2 Hand voll Brennnesseln
1 Esslöffel Butter
1 l Gemüsebrühe
100 g Sahne
Salz, Pfeffer
4 Esslöffel Crème fraîche

Junge Triebspitzen von Brennnesseln mit Gartenhandschuhen pflücken. Mit dem Nudelholz überrollen, dadurch werden die Brennhaare zerstört. Sorgfältig waschen und die Blätter von den Stielen zupfen.
Kartoffeln schälen und würfeln. In Butter kurz andünsten, mit Brühe auffüllen und 5 Minuten köcheln lassen. Die Brennnesselblätter zufügen und weitere 5 Minuten

köcheln, bis die Kartoffelstückchen gar sind. Mit dem Pürierstab pürieren, Sahne zufügen und abschmecken. Die Suppe in Teller füllen und jeweils einen Löffel Crème fraîche in die Mitte geben.

Gierschtomaten
4 große Tomaten
2 Hand voll junger Giersch
2 Knoblauchzehen, gehackt
2 Esslöffel Semmelbrösel
Salz, Pfeffer
Olivenöl
geriebener Gouda

Von den Tomaten einen Deckel abschneiden und die Tomaten aushöhlen, Tomatenfleisch klein hacken und Giersch in Streifen schneiden. Knoblauchzehen und Giersch in Olivenöl andünsten, würzen und die Semmelbrösel unterrühren. Die Mischung in die Tomaten füllen und mit geriebenem Gouda bestreuen. Eine Auflaufform mit Öl auspinseln, die gefüllten Tomaten zusammen mit dem klein gehackten Tomatenfleisch hineingeben. Bei 225° C 20 Minuten backen, bis der Käse anfängt zu bräunen.

Mehr Fenchel in den Garten

Das Multitalent ist ein Gewinn für jede Rabatte und ein leckeres Küchengewürz. Aus England stammt die gute Idee, den Gewürzfenchel als Zierpflanze zu Rosen und Stauden zu setzen.

Der Fenchel wächst in Frankreich und in Spanien wild am Wegesrand. Aber auch hierzulande ist er ein absolut pflegeleichtes und dankbares Kraut. Sein warmer, würziger Duft weckt südliche Urlaubsstimmung. Hinter den bis zu zwei Meter hoch wachsenden Fenchelstauden können sich nicht nur Kinder verstecken. Auf den ersten Blick kann man den Fenchel mit Dill verwechseln und so höre ich oft: „Euer Dill ist aber riesig!“ Diese beeindruckende Kräuterpersönlichkeit liebt warme, trockene Standorte und kalkreiche Böden wie die meisten mediterranen Gewürzkräuter. Die eigentlich mehrjährige Pflanze ist an Plätzen, die ihr nicht zusagen, allerdings nur kurzlebig. Doch sie sät sich reichlich aus. Überzählige Sämlinge lassen sich leicht entfernen – und auch verschenken.

Mit dem schönen, feingliedrigen Laub und den schwefelgelben Blütenwolken ist der Fenchel ein unübersehbarer Blickfang in unserem Garten. Er sieht toll aus neben den gelbblühenden Englischen Rosen ‘Yellow

Charles Austin'. Daneben wächst der attraktive Bronzefenchel *Foeniculum vulgare* 'Rubrum', der etwas niedriger bleibt. Am besten steht Fenchel direkt am Haus. Dort kann man sein appetitliches Aroma besonders gut genießen – wie neben dem alten Backhaus an unserem Dorfplatz. Die reifen Samen werden in den beliebten Fliericher Bauerngartentee gemischt, aber auch als Brotgewürz in leckere Kräuterfladen gebacken.

So gut wie alles ist essbar an diesem dankbaren Kraut. Auch die gelben Blüten und die weichen, noch grünen Samen und natürlich das vitaminreiche, gefiederte Blattwerk, das sogar noch im Winter aus der Basis treibt. In einem französischen Lokal schmeckte mir die Kombination von Lachs und frischem Fenchelgrün so gut, dass seitdem bei uns zu Hause Fenchel als Fischgewürz verwendet wird.

Das Kauen der Samen dämpft Hungergefühle, soll vorbeugend gegen Grippe sein und bei Diäten das Fett schneller abbauen. In Indien wird nach dem Essen für eine bessere Verdauung ein Schälchen Fenchelsamen gereicht.

Abergläubische können mit den Fenchelsamen die Schlüssellöcher der Türen verstopfen, damit keine bösen Geister ins Haus kommen, und getrocknete Zweige vor die

Tür hängen, so wie es im Mittelalter üblich war. Eine Fenchelstaude neben der Haustür hat aber vermutlich den gleichen Effekt.

Küchentipp

Fladenbrot mit Fenchel
300 g Mehl
1/2 Würfel Hefe
1/2 Teelöffel Honig
1 Teelöffel Salz
1/8 l Weißwein
6 Esslöffel Wasser
6 Esslöffel Olivenöl
2 Esslöffel Anis, Koriander,
Fenchel und Kümmel, gemischt
2 Esslöffel Schnittlauch und
Petersilie, gehackt
Salbeiblätter
Rosmarinblätter
1 Teelöffel Fenchelsamen zum Bestreuen

Die Hefe mit dem Honig in eine Tasse geben, 10 Minuten stehen lassen und dann flüssig rühren. Das Mehl auf eine Platte sieben, eine Mulde in die Mitte drücken und die Hefe hineingeben, mit dem Mehl vermengen. Salz, Weißwein, Wasser, Olivenöl, Samenmischung und gehackte Kräuter zufügen und alles verkneten. Dann 30 Minuten ruhen lassen. Teig erneut kneten, zu einer Kugel formen. Dann

zu einem Fladen ausrollen. Salbei- und Rosmarinblätter und Fenchelsamen in die Oberfläche drücken und mit Öl bepinseln, nochmals 15 Minuten gehen lassen. Bei 200° C 20 Minuten backen.

Der Gewürzfenchel neben der Haustür verströmt mediterranes Aroma. Schon der Duft macht Appetit, zum Beispiel auf Fladenbrot mit Fenchelsamen.

Wie Kinder den Garten entdecken

Ganz dem Moment hingegeben erforschen kleine Kinder den Garten. Mit unserem Enkelkind Luca genießen wir die Gartenwelt wie einst in der Kindheit.

Stellen Sie sich vor, Sie erleben den ersten Sommer Ihres Lebens. Alles ist ganz neu, jeder Grashalm und jedes grüne Blättchen sind interessant. Unser Enkelkind Luca ist 15 Monate alt und entdeckt mit großer Begeisterung den Garten. Wir sehen die Welt plötzlich wieder mit den Augen eines Kindes, teilen seine unmittelbare Freude über Licht und Schatten, Sonne und Wind.
Kinder „be-greifen" mit allen Sinnen die Umwelt. Sie sind nah dran, dicht am Erdboden und beobachten aufmerksam jede Ameise. Und sind nicht die pelzigen Hummeln, die man fast streicheln könnte, ganz erstaunlich anzusehen? Alles ist kleinen Kindern wichtig. Im Hier und Jetzt zu leben, den Augenblick zu genießen – das ist etwas, was Gärtner und Kinder verbindet. Im Garten zu helfen ist noch reine Freude. Leider weiß ich aus Erfahrung, dass sich diese elementare Begeisterung bei Kindern oft allzu schnell legt. Es darf eben nicht in Arbeit ausarten! Wichtiger ist ja auch, dass wir ihre Sinne wecken und ihnen viele Kindheits-Gartenerinnerungen mit auf den Lebensweg geben.

Wir können von den Kindern lernen, auch unsere Sinne wieder zu beleben. Stecken Sie die Nase mal ganz tief in die Blumen und spüren Sie gleichzeitig die schmeichelweiche Textur der Blütenblätter, das vertieft den Genuss. Oder „umarmen" Sie einen dicken Strauß Flieder, um Duft und Weichheit zu fühlen und den Wonnemonat Mai regelrecht einzuatmen. Oder probieren Sie mal ein entspannendes Rosenbad: ideal für strapazierte Gärtner nach getaner Arbeit. Dazu streuen Sie ganz einfach frische, duftende Rosenblüten in das Badewasser. Das „Material" wächst bald reichlich im Garten.

Das immergrüne Rückgrat des Gartens

Früher mochte ich die Lebensbäume überhaupt nicht, die auf unserem Grundstück stehen. Die „Friedhofsgewächse" gelten ja überall als Langweiler. Jetzt habe ich mich mit ihnen ausgesöhnt, denn zusammen mit anderen Immergrünen geben sie unserem Garten Struktur.

„Werft die verfluchten Thujen aus dem Garten", wetterte der streitbare Staudenzüchter Karl Foerster. „Diese Friedhofsgewächse kommen mir nicht in den Garten", sagt auch meine Nachbarin. So dachte ich früher auch. Inzwischen habe ich mich mit ihnen ausgesöhnt. Wir fanden Thujen, auf Deutsch Lebensbäume, schon als Randbepflanzung in unserem Garten vor, deshalb blieben sie erst einmal stehen. Sie wuchsen und gediehen, daher wurde ihnen das Bleiberecht zugestanden. Zusammen mit Eiben, Buchsbaum und Ilex bilden sie das Rückgrat unseres Gartens und – das ist ja auch wichtig – machen ihn blickdicht. Hinter blühenden Sträuchern und Rosen werden sie im Sommer zu bloßen Randgestalten, das mindert auf jeden Fall ihren Friedhofs-Look.

Die liebsten Persönlichkeiten der immergrünen Gartengesellschaft sind mir die Eiben. Sie gedeihen ohne viel Pflege, bilden den Rahmen für die Obstbaumblüte im Frühjahr und die überquellende Blütenpracht des

Buchshecken und eine große Buchsbaumkugel bilden einen ordnenden Rahmen für Kräuter, Gemüse und Blumen.

Sommers und beleben den winterlichen Garten mit ihrem ruhigen Grün. Mit den Jahren wachsen sie zu wahren Prachtgestalten heran. Eiben lassen sich wie Buchsbaum in jegliche Form schneiden: Kegel, Kugel, Würfel oder Zylinder. Das geht auch mit Ilex, wie ich es kürzlich in einem holländischen Schlossgarten sah. In Holland habe ich auch

Wie Buchs & Co. in Form bleiben
Die architektonische Wirkung von beschnittenen Immergrünen wie Buchs und Eibe kommt besonders im Winter zur Geltung. Damit die Figuren schön kompakt werden, ist ein regelmäßiger Schnitt erforderlich. Dort, wo geschnitten wird, verzweigt sich die Pflanze und wird dadurch immer dichter. Selbst größere, locker gewachsene Sträucher werden durch regelmäßige Schnittmaßnahmen zwei- bis dreimal pro Jahr wieder in Form gebracht. Günstige Schnitttermine sind Mai/Juni und Juli/August.
Der Schnitt sollte bis Mitte August beendet sein. Später reifen die neuen Triebe nicht mehr aus und können bei Frost geschädigt werden. Schneiden Sie am besten an einem bedeckten Tag während einer längeren regnerischen Periode. Starke Sonneneinwirkung kann an den Schnittstellen zu Verbrennungen führen.
Als Werkzeug für den Buchsbaumschnitt reicht eine kräftige Küchenschere. Bei langen Hecken und vielen Formgehölzen hilft eine Akku-Rasenkantenschere. Eiben lassen sich am besten mit einer Heckenschere schneiden. Sie sollten am besten im letzten Drittel des Jahres geschnitten werden. Dann vertragen sie auch einen Schnitt bis ins alte Holz.

Beschnittene Eiben flankieren den Eingang zum Bauerngarten. Die Hecken wiederholen die Strukturen aus der Landschaft.

eine ideale Schnittform für die ungeliebten Thujen entdeckt: ein wellenförmiger Heckenschnitt, der fast wie gewachsen aussieht und dennoch klare Konturen schafft. Übrigens: Wenn die Nadeln der Thujen zerrieben werden, entwickeln sie aromatischen Zypressenduft mit einem leichten Hauch von Zitrone. Das macht sie nun doch liebenswert.

Die Schnecken kommen

Die gefräßigen Nacktschnecken sind eine der größten Gartenplagen. Wir haben uns mit ihnen arrangiert.

Was wollen die Schnecken eigentlich alle hier, gibt es beim Nachbarn nichts zu holen? Sicher, der hat keine Basilikumsammlung und keine zarten Setzlinge, die den gefräßigen Kriechtieren so gut munden. Dann kommen sie wohl lieber zu uns. Einige Zeit haben wir sie vermutlich auch noch mit unseren Bierfallen angelockt. Wir wussten es nicht besser. Schnecken riechen noch meilenweit, was ihnen behagen könnte und machen sich dann auf den Weg ins Paradies – und das gar nicht mal so langsam.

Die Plagegeister sind scharf auf zarte Blätter. Mit ihren harten Raspelzungen können sie über Nacht frisch gepflanzte Setzlinge bis auf einen kümmerlichen Rest abnagen. Dann ist es mit der Lebenskraft der Pflanze vorbei. Das ist bitter und ich verstehe jeden, der in mörderischer Absicht mit der Taschenlampe in der Hand des Nachts die Schnecken absammelt. Um dann verschiedene Todesarten auszuprobieren: vom Übergießen mit kochendem Wasser bis zum Zerschneiden mit der Gartenschere.

Das scheint sie aber nicht wirklich zu dezimieren. Wenn Hundert vernichtet werden, kommen in der nächsten Nacht neue Hundertschaften angekrochen. Irgendwo habe ich mal gehört, dass sie sich umso mehr vermehren, je mehr getötet werden. So halten sie ihre Populationsdichte aufrecht. Schrecklich! Richtig schlimm ist die Schneckenplage erst in den vergangenen Jahren geworden. Die Spanische Wegschnecke, eine neue Art, wird wegen des bitteren Geschmacks von ihren Feinden verschmäht. Die einzige Maßnahme, die wirklich hilft, ist das Ausstreuen von Schneckenkorn. Inzwischen gibt es das umweltschonende Ferramol, das man unbesorgt anwenden kann. Allerdings muss es bei Regen häufiger nachgestreut werden. Damit die frisch gepflanzten Setzlinge verschont bleiben, kann man auch einen ablenkenden Ring aus Tagetes um sie herum pflanzen. Die sind die Lieblingsspeise der Schnecken und lenken sie von den Nachbarpflanzen ab. Auch *Ligularia* werden gerne gefressen. In einem Garten hatten die Besitzer eine Hintergrundpflanzung von *Ligularia dentata* gesetzt, um ihre *Hosta* zu schützen. Es half wirklich. Die großen, saftigen Blätter waren völlig zerfressen, aber die *Hosta* hatten kein einziges Loch. Übrigens: Je dicker die Hostablätter, umso weniger mögen sie die Schnecken. Ein Züchter hat mir die Sorten 'Halycon' mit graublauen Blättern und 'Twilight', mit grünen Blättern, die einen lichten

gelb-weißen Rand besitzen, empfohlen. Die rühren die Schnecken tatsächlich nicht an. Mein Basilikum ziehe ich jetzt auf einem Eisentischchen direkt neben dem Terrassentisch. Das ergibt eine hübsche Dekoration und die Schnecken können an den dünnen Eisenstangen nicht hochkriechen. Für uns ist das auch ganz praktisch. So kann man wäh-

Wie ein Kunstwerk sieht die Päonienknospe mit Schnecke aus. Doch leider verursachen Schnecken eine Menge Schäden im Garten.

rend der Mahlzeit das herrlich duftende Kraut ganz bequem abpflücken. Kann sein, dass dabei den Schnecken in ihren Verstecken das Wasser im Mund zusammenläuft! P. S. Gerade höre ich von meinem Gemüsehändler, dass er guten Erfolg mit regelmäßigen Kalkgaben hat. Ein Versuch ist es wert, denn Nacktschnecken lieben saure Böden.

Blütenpracht auf der Terrasse

Mit Farben spielen und alles immer wieder neu arrangieren: Der Topfgarten auf dem Balkon oder der Terrasse ist ein wunderbares Experimentierfeld.

Wie in jedem Frühjahr stellt sich mir die Frage aller Topfgärtner nach der Farbgestaltung. Im Garten ist ja so gut wie alles schon festgelegt, deshalb lebe ich meine Veränderungslust mit schön bepflanzten Töpfen aus – jedes Jahr aufs Neue. Soll ich wie immer meinen Lieblingsfarbklang Lila, Lachs und Gelb wählen? Oder alles in Blau, Lila und Weiß mit einigen roten Farbtupfern? Blau wirkt beruhigend und weiße Blüten leuchten im Gegensatz zu den anderen Farben noch lange in der Dämmerung.
Im Haus kombiniere ich zum Erdbeerfarbton unserer Gardinen verschiedene Kürbistöne. Dazu noch etwas Dunkelrot, wenig Gelb und ein Hauch von Lila und schon ist mein Farbkonzept mit Orientanklang für dieses Jahr fertig. Farbaspekte von innen nach außen zu übertragen, gehört ja bei Gartengestaltern zum guten Ton.
Zu der Grundausstattung, die sich in allen Wetterlagen als ideal erwiesen hat, gehören die üppig blühenden Verbena-Hybriden in Lilablau und die robuste orangefarbene Zigarettenfuchsie *Cuphea ignea*, unterpflanzt mit

Meine Lieblingskomposition in warmen Farben: rot-weiße Pelargonien, lilablaue Verbenen und Fuchsien. Eine Weihrauchpflanze mit weißem Rand frischt die Szenerie auf.

der elegant überhängenden Blattschmuckpflanze *Helichrysum petiolale.* Direkt neben dem Supermarkt, in dem ich regelmäßig einkaufe, hat sich ein Florist etabliert. Er hat oft interessante neue Sorten, in bester Gärtnerqualität. Das ist Verführung pur. In diesem Jahr gab es dort sogar die samtigen, dunkelroten Englischen Pelargonien. Da musste ich

Blütenfülle mit Schüsslersalzen
Diesen Tipp erhielt ich von einer Heilpraktikerin, die einen traumhaft schönen Garten mit herrlichen Rosen und üppiger Blumenpracht besitzt. Sie „behandelt" schwache und kranke Gewächse mit Schüsslersalzen. Dadurch werden Leitfähigkeit und Molekülvernetzung verbessert, kurz gesagt, die Energie fließt besser. Die Bildung von Mineralstoffen und die Aufnahme aus dem Boden werden gefördert. Ich habe es bei einem dicht bepflanzten Topf mit Verbene, Zigarettenfuchsie und *Helichrysum* ausprobiert: überquellende Blütenpracht war das Ergebnis. Der Gegenversuch im darauf folgenden Jahr ohne Schüsslersalze zeigte deutlich geringere Blütenfülle.

Blüh-Elixier
Calzium phosphoricum
Ferrum phosphoricum
Magnesium phosphoricum
Silicea

1–3 Tabletten von jedem Mineralsalz (in der Apotheke erhältlich) in einer mittelgroßen Gießkanne in Wasser auflösen und die Pflanzen damit nur ein einziges Mal gießen. Vorher einen Langzeitdünger einharken.

Ein harmonisch gestaltetes Stillleben mit Töpfen benötigt nicht viele Blüten: Etwas Efeu und die Farben der Hortensien genügen manchmal schon.

einfach eine mitnehmen. Und noch ein paar farbenkräftige Coleus-Hybriden, die spektakulären Buntnesseln von Großmutters Fensterbank, die zu Recht wieder modern sind. Als größere Kübelpflanzen wähle ich noch die robuste und unermüdlich blühende Gewürzrinde *Cassia didymobotrya* mit gelben Blütenkerzen, deren Blätter erstaunlicherweise nach Erdnüssen riechen, den Granatapfelstrauch *Punica granatum* mit leuchtend roten Blüten und die Calamondin-Mandarine. Sie stand im Winter im Haus und passte mit ihren kleinen orangefarbenen Früchten farblich ganz wunderbar in das Farbschema. Ein weiterer Vorzug der robustesten unter den Zitruspflanzen sind die unübertrefflich duftenden weißen Blüten, die

So blau wie der Himmel ist die Winde *Convolvulus sabatius* 'Blaue Mauritius'. Sie liebt einen vollsonnigen Standort und regelmäßige Wassergaben.

sich oft gleichzeitig mit den Früchten zeigen. Die dunkelblaue Vanilleblume *Heliotropium arborescens*, deren herrlicher Duft die Terrasse erfüllt, ist auch ein Muss, und zur Duftunterstützung vielleicht dazu noch der nachtduftende Ziertabak in Weiß. Um es draußen so richtig gemütlich zu haben, hole ich an schönen Tagen die strapazierfähigen

Kelimkissen und für den Abend die marokkanischen Laternen aus dem Wohnzimmer.

Variante in Blau, Violett und Weiß

Blau stimmt friedlich und weitet optisch den Raum. Weiß hellt auf und leuchtet abends noch lange in der Dämmerung. Einige gelbe Tupfer lassen Blau übrigens noch intensiver erscheinen.

Hier einige Sommerblumen als Pflanzanregung:

- Bleiwurz *Plumbago auriculata*, in Blau und Weiß
- Polsterglockenblumen, *Campanula carpatica* und *Campanula poscharskyana*, in Blau und Weiß
- 'Blaue Mauritius', *Convolvulus sabatius*
- Petunia-Hybriden, in Blau und Weiß
- Passionsblume, *Passiflora caerulea*, in Blau und Weiß
- Kartoffelbaum, *Solanum jasminoides*, in Blau und Weiß
- Schmucklilie, *Agapanthus praecox*, in Blau und Weiß
- Hortensien, *Hydrangea macrophylla*, in Blau und Weiß

Dazu passen das Silbergrau von Silberblatt *Senecio bicolor*, Lavendel, Salbei, *Artemisia* und Heiligenkraut.

Sommer

Gartenfestivals: das besondere Vergnügen

Jahr für Jahr locken sie uns aufs Land: die vielen Gartenfestivals, die Händler und Gartenfreunde zusammenbringen. Hier kann man stöbern und mit Gleichgesinnten plaudern.

„Stell Dir vor, ich habe ihn gekauft!" „Wen?", fragt meine Freundin, die mich geduldig auf den Pflanzentagen in Bingerden begleitet. „Na, den Bischof!" Mit leuchtenden Augen stelle ich ihn vor. Es handelt sich um eine Rose im Container mit dunkelvioletten, dicht gefüllten Blüten, die im Verblühen fast Blau erscheinen. Ihr Name ist 'The Bishop', auf Französisch 'L'Evêque'. Neben uns schüttelt eine holländische Besucherin den Kopf. „Das ist ja verrückt!", sagt sie amüsiert.
Vom Pflanzenfieber erfasst, treffen sich auf den Gartenfestivals in der schönsten Jahreszeit die Gartenfreunde. Sie sind wie ich immer auf der Suche nach Neuheiten und Besonderheiten. Und wir werden fündig. Hier treffen sich Anbieter seltener Pflanzen und schöner Gartenaccessoires mit Gartenbegeisterten aller Art zu einem besonderen Vergnügen. Rund um historische Herrenhäuser, umgeben von schönen Gartenanlagen, findet man alles, was man schon immer gesucht hat und manchmal auch nicht gesucht hat. Oft ist es Liebe auf den ersten Blick, wie bei mir und dem „blaublütigen" Bischof.

Gut behütet bei sommerlichen Temperaturen, wie hier Katharina Berges, die die Gartenfestivals auf Schloss Donaueschingen und Schloss Heiligenberg ausrichtet.

Die goldfarbenen Gräser wie die Goldmarbel *Luzula sylvatica* 'Wintergold' und *Milium effusum* 'Aureum' hingegen erwarb ich auf dem Pflanzenmarkt am Kiekeberg in der Nähe von Hamburg. Seitdem erfreue ich mich an den Lichtblicken in den Beeten und merke mir vor, überall auf die Jagd nach gelblaubigen Blattpflanzen und Gräsern zu

Eine romantische Kulisse für das jährliche Gartenfestival „Gartenlust & Landvergnügen“ ist Schloss Ippenburg.

gehen. Meinen schönen Strohhut habe ich vom Ippenburger Festival. Frau trägt neuerdings wieder Hut, zumindest auf Gartenfestivitäten. Bei der Gartenarbeit ist er an heißen Tagen ja auch ganz nützlich. Auf der Home & Garden Fair auf dem holländischen Landgut Beeckestijn habe ich einen antiken leuchtend gelben Gartenstuhl erstanden.

Überall wird Gartenvergnügen für die ganze Familie zelebriert. Es herrscht eine heitere Marktatmosphäre mit vielen netten Menschen und anregenden Gesprächen. Wenn es diese Lustbarkeiten nicht gäbe, müssten sie erfunden werden.

Die schönsten Gartenfestivals
Internationale Pflanzentage in Bingerden
Bingerdensweg 21
NL-6986 CE Angerlo
Tel. 0031/3 133 47 22 02
info@bingerden.com

Pflanzenmarkt am Kiekeberg
21244 Rosengarten-Ehestorf
(bei Hamburg-Harburg)
Tel. 040/7901 7625
www.kiekeberg-museum.de

Home & Garden Fair
Landgut Beekenstein
Riijksweg 136
NL-1981 Velsen-Zuid
(ca. 20 km von Amsterdam entfernt)
Tel. 0031/5 53 01 23 23
www.homeandgardenfair.nl

Schloss Ippenburg
49152 Bad Essen
Tel. 05472/4475
www.ippenburg.de

Die aktuellen Termine werden regelmäßig im Frühjahr in vielen Gartenzeitschriften veröffentlicht.

Gärtnern auf die leichte Art

Zurücklehnen und den Garten selber arbeiten lassen? Das geht mit den vitalen Pflanzen, die sich selbst aussäen. Manchmal malt die Natur die schönsten Bilder.

Ehrlich gesagt könnte ich mir im Frühjahr den ganzen Aufwand mit Aussäen, Vereinzeln, Umpflanzen und Teilen sparen. Denn inzwischen habe ich ein kleines, durchaus feines Sortiment an Pflanzen, die sich selbst aussäen. In einem zufällig nicht bepflanzten Gemüsebeet fand ich nach einem Kurzurlaub folgende malerische Gesellschaft vor: Fenchel, Japanischer Senf, Ringelblumen, rote Gartenmelde, Zitronenmelisse und Borretsch. Weil das so schön aussah, durften sie bleiben.

Einige Sämlinge habe ich dann sogar in die Staudenrabatte gesetzt. Dort wirkt der rotgeaderte Senf wie eine Blattschmuckpflanze und das zierlich gefiederte hellgrüne Laub des Fenchels ergänzt raffiniert gelbe und orangefarbene Blatt- und Blütenkompositionen. Um solche Überraschungen zu erleben, müssen Sie allerdings die samentragenden Stängel Ihrer Wunschpflanzen ein Weilchen stehen lassen. Erst wenn sich einige Pflanzen, die sich wohl fühlen, auch aussamen dürfen, wirkt ein Garten lebendig. Warum bei der Gestaltung nicht mal der Natur den Vortritt

Ein schönes Paar sind die leuchtend gelbe Ringelblume *Calendula officinalis* und das himmelblau blühende Küchenkraut Borretsch.

lassen? Manchmal ist das Ergebnis ungewöhnlich schön.
Mir gefällt es, dass alles sogar essbar ist. Verwenden Sie junge knackige fein gehackte Fencheltriebe in Suppen, den würzigen Japanischen Senf für asiatische Wokgerichte, die himmelblauen Borretschblüten für kühle Sommerdrinks und die ausgezupften Blüten der Ringelblume zum Färben von Reis und Kräuterbutter. Bis auf den Fenchel, den Sie als Jungpflanze kaufen sollten, brauchen Sie alles nur ein einziges Mal auszusäen. Dann bleibt die gesamte Gesellschaft dem Garten treu. Ganz von alleine wachsen bei uns auch Kapuzinerkresse in verschiedenen Farbtönen und allerlei niedliche Hornveilchen, die sich gerne in Fugen aussamen. Die Blüten sind

Rückschnitt verhindert zu üppige Selbstaussaat von Zitronenmelisse
Die Selbstaussaat von Zitronenmelisse *Melissa officinalis* kann ziemlich lästig werden. Dagegen hilft ein zwei- bis dreimaliger Ernteschnitt während der Saison. So kann die vitale Pflanze erst gar nicht blühen und daher auch keine Samen bilden. Nach jedem Rückschnitt treibt die Melisse neu durch. Die gelbgefleckte Sorte 'Variegata', die während des Sommers vergrünt, entwickelt dann wieder schön gezeichnetes Blattwerk. Mit den frischen Blättern können Sie Fisch- und Geflügelgerichten, Gemüse und Salaten ein erfrischendes Zitronenaroma verleihen. Ich trockne sie auch für winterliche Kräutertees und für einen entspannenden Bad-Aufguss. Das unkomplizierte Kraut wirkt beruhigend und antibakteriell und stärkt das Gedächtnis.

ebenfalls essbar. Mit beiden lassen sich Salate hübsch garnieren.
Und alles zum Nulltarif, was will man mehr? Was zu viel ist, zupfe ich nur hier und da heraus. Das ist schon alles. Vielleicht sollten wir uns öfter mal im Liegestuhl zurücklehnen und den Dingen ihren Lauf lassen.

Die Zitronenmelisse *Melissa officinalis* 'Variegata' mit goldgefleckten Blättern vergrünt im Laufe des Sommers. Nach einem Rückschnitt treibt sie wieder schön gefärbte Blätter.

Nur noch Gießen und Genießen

Es bleibt endlich wieder Zeit für geruhsame Gartenfreuden. Die wichtigsten Arbeiten sind jetzt erledigt.

Nun habe ich es wieder mal geschafft. Jetzt ist Ruhe an der Gartenfront! Die Hängematte wartet. Darin könnte ich Stunden verträumen oder mit einem spannenden Roman und einem kühlen Getränk ausruhen. Das habe ich mir verdient. Der aufreibende Kampf mit dem leidigen Wildkraut ist fast geschafft. Im Frühling und Frühsommer ist es ja unumgänglich, auf allen vieren durch den Garten zu kriechen und unentwegt unschuldiges Grün – nennen Sie es Unkraut oder Wildkraut – auszurupfen.

Die gute Nachricht: Ab der Sommersonnenwende vom 21. bis 24. Juni gibt das Wildkraut mehr oder minder die Gegenwehr auf, vorausgesetzt, Sie haben gründlich gearbeitet und das Kraut vor der Samenreife ausgerissen. Das ist wirklich reine Notwehr. Wissen Sie, dass ein Trüppchen des Rauhhaarigen Schaumkrauts *Cardamine hirsuta* Hunderte von Samen in die Gegend schleudert? Und das Kleinblütige Knopfkraut *Galinsoga parviflora* unter günstigen Bedingungen zwei bis drei Generationen in den Kampf schickt?

Das Kraut darf man keineswegs nach dem Jäten irgendwo liegen lassen, denn die Früch-

Es macht Spaß, an der alten Pumpe die Gießkannen zu füllen.

te reifen sogar an ausgerissenen Pflanzen nach!

Ja, regelmäßiges Jäten ist das A und O der Gartenarbeit, denn nur so bleibt überhaupt Platz für die Kulturpflanzen. Später können wir uns dann an den Blumen und Früchten des Gartens so richtig erfreuen. Wenn der Sommer sonnig ist, wie er sein sollte, verbleibt nur noch eine Arbeit: das Gießen. Das macht mir mehr Spaß als Jäten, denn diese Arbeit kann man aufrecht verrichten. Und die so ländlich aussehenden formschönen alten Zink-Gießkannen mit der alten Brunnenpumpe zu füllen, vermittelt ein Gefühl von heiler Welt. Alles ist wieder in Ordnung. Mit schönen Grüßen aus der Hängematte.

Küchentipp

Sommerdrink zum Relaxen
Mit einem erfrischenden Getränk ist es in der Hängematte noch mal so schön. Zum Beispiel mit Hemingways Lieblingsdrink.

Mojito
1 reife Limette
6 frische Minzeblätter
2 cl Zuckersirup
4 cl weißer Rum
6 cl Sodawasser

Limette in Achtel schneiden und mit den Minzeblättchen in ein hohes Glas geben. Zuckersirup hinzufügen und alles mit einem Stößel zerdrücken. Rum und zerstoßene Eiswürfel zufügen, mit Sodawasser aufgießen und mit einem Minzezweig garnieren.

Mein Lieblingsplatz im Sommer ist die gemütliche Hängematte zwischen zwei alten Apfelbäumen, besonders zur Zeit der Rosenblüte, wenn die üppig blühende Ramblerrose 'Lykkefund' ihren herrlichen Duft verströmt.

Ich wünsch mir eine Gartenlaube

Umrankt von Geißblatt und Rosen in der Gartenlaube zu sitzen ist für mich Romantik pur.

„Die Welt ist arm an Lauben geworden", bedauert Alma de l'Aigle in ihrem 1948 erschienenen Buch „Ein Garten", einem liebevollen Bericht über den verwunschenen Garten ihrer Kindheit, in dem es gleich vier gab. Auch heute noch sind Lauben Mangelware. Bei uns steht sie ebenfalls auf der Wunschliste.

In unserem Garten gibt es viele Sitzplätze: Holzbänke am Teich, eine Steinbank mit Tisch in der Obstwiese und eine Bank im Kräutergarten. Obwohl sie Hecken oder Sträucher als Rückendeckung haben, ist es dort nicht so gemütlich wie in einer Laube, in der man beschützt unterm Blätterdach und doch im Freien sitzt. Das altmodische, manchmal mit Geißblatt überrankte Versteck galt früher als idealer Platz für Liebesbeteuerungen und Verlobungen – ein verschwiegener Ort. Dort wurden aber auch Bohnen abgefädelt, Erbsen enthülst und Johannisbeeren von den Rispen gezupft, Geschichten erzählt und Küchenlieder gesungen. In dem alten Pfarrgarten, von dem wir vor über 20 Jahren einen Teil übernommen haben, gab es eine „Jasminlaube", in der traditionell am

Notizen

Geranium phaeum 'Samobor'

Das ist meine Wunsch-Laube, umrankt von der Rose 'New Dawn'. Ich sah sie in einem holländischen Garten. Die Gartenbesitzer haben sie selbst aus Spaliergittern gebaut und weiß lasiert.

1. Mai die Freiluftsaison mit einer Waldmeisterbowle eröffnet wurde. Daran erinnern sich nur noch die älteren Dorfbewohner. Heute sind Lauben, Bowlen und Küchenlieder pure Nostalgie. Auf der Suche nach Entspannung in hektischer Zeit könnte die Gartenlaube, die eine Zeit lang Inbegriff des Spießertums war, wieder modern werden. Wie früher sollte Duftendes wie Flieder oder Falscher Jasmin in der Nähe blühen, um den Aufenthalt noch entspannender zu machen. Zum Beranken eignen sich Geißblatt und Kletterrosen. Ich würde die Schottische Weinrose *Rosa rubiginosa* bevorzugen, die mit ihren einfachen Heckenrosenblüten eher unscheinbar aussieht. Die Blätter – nicht die Blüten! – duften wunderbar nach frischen

Äpfeln, besonders bei feuchtwarmer Witterung, und das während der ganzen Saison. Reizvoll ist aber auch das grüngoldene Blätterdach des wuchskräftigen Goldhopfens *Humulus lupulus* 'Aureus'. Als Vorpflanzung in gebührendem Abstand wäre duftender Lavendel schön oder der Bergminze *Calamintha nepeta* mit erfrischendem Pfeffer-

Diese luftige Laube steht in einem englischen Kräutergarten. Sie wird von Goldhopfen überrankt, der ein grüngoldenes Blätterdach bildet.

minzduft. Vielleicht auch das Marienblatt *Tanacetum balsamita* in pudrigem Maigrün mit dem echten Spearmintduft.
Die Konstruktion ist mit fertigen Spaliergittern und Rundhölzern aus dem Baumarkt schnell gebaut. Wir haben da noch alte Telegrafenmasten, die würden sich geradezu ideal dafür eignen.

Blütenträume auf dem Teller

Sie liegen im Trend: Essbare Blüten. Sie verführen Augen, Nase und Gaumen. Außerdem schmecken sie gut und sind auch noch gesund.

Wenn alle Blumenbeete überquellen, die Kräuter um die Wette duften und blühen und die Rosen mit ihren zarten Blütentexturen wie aus Samt und Seide in den delikatesten Farbtönen locken – kann ich wieder so richtig aus dem Vollen schöpfen. Dann erhalten Salate, Obst- und Käseteller und auch Suppen eine festliche Garnitur aus essbaren Blüten aller Art. Das sieht wunderschön aus und schmeckt gut. „Gewöhnungsbedürftig", sagte mein 18-jähriger Sohn dazu. Und: „Von Blüten wird man nicht satt." Das nicht. Aber sie sind eine pikante Zutat mit mehr oder weniger ausgeprägtem Aroma und sie sind gesund. Kräuterblüten sind für den Anfang am besten geeignet. Sie riechen und schmecken wie die Kräuter selbst, meist etwas milder. Und man hat weniger Bedenken, ihre Essbarkeit ist ja sozusagen medizinisch abgesegnet.
In Hustentees zum Beispiel finden sich Malven- und Königskerzenblüten, Kamillenblütentee ist jedermann bekannt und ein abendlicher Tee aus Lavendelblüten wirkt beruhigend. Darauf schwor schon die englische

Duftende Rosen und Erdbeeren sind ein wunderschönes Duo.

Königin Victoria. Zu ihrer Zeit liebte man Blütengenüsse aller Art, zum Beispiel kandiert als Kuchendekor, und schreckte sogar nicht davor zurück, ein Frikassee mit Veilchen zu würzen. Hierzulande hat man mit getrockneten Ringelblumenblüten im Winter die Butter schön gelb gefärbt und im Kochbuch von Henriette Davidis (1801–1876) galt ein Salat aus den Blüten und Blättern der Kapuzinerkresse als ganz normal.
Wenn Sie es auch einmal versuchen wollen: Der altbekannte „grüne Salat“ verträgt immer ein paar bunte Tupfer. Ernten Sie die gerade frisch aufgeblühten Blüten am besten morgens, wenn der Tau getrocknet ist. Man braucht sie nicht zu waschen, ausschütteln und auf Insekten untersuchen sollte man sie

Taglilien, Phlox, Rosen, Ringelblumen und Kräuterblüten als geschmacksintensive, gesunde Salatzugabe. Nicht zuletzt sind sie auch eine Augenweide.

schon. Für die ganz vorsichtigen unter Ihren Gästen gilt: Blüten können auch nur als Dekoration dienen und dürfen notfalls am Tellerrand liegen bleiben. Aber zum Schluss probieren bestimmt auch die Zögerlichen.

Küchentipp

Essbare Blüten

Bevor Sie Blüten ins Essen tun, müssen Sie absolut sicher sein, dass sie nicht giftig sind. Verzichten Sie im Zweifelsfall lieber darauf. Nehmen Sie nur diejenigen, die Sie genau kennen, und verwenden Sie nur Blumen aus dem eigenen Garten. Blumen vom Markt und vom Floristen sind meistens gespritzt. Staubgefäße, Fruchtknoten und den grünen

Kelch entfernen. Mit kleinen Mengen beginnen, damit sich Gaumen und Magen daran gewöhnen. Größere Blüten am besten vorsichtig zerteilen oder in Streifen schneiden. Kleinere können vollständig verwendet werden. Probieren Sie die Blüten aus der folgenden Liste für Salate, Desserts und Suppen. Die farbenfrohen und aromatisch duftenden Stillleben auf dem Teller werden Sie begeistern:

Gänseblümchen
Schlüsselblumen
Veilchen, Hornveilchen
Stiefmütterchen
Löwenzahnblüten
Holunderblüten
Ringelblumen
Taglilien
Rosen
Phlox

Kräuterblüten:
Lavendel, Thymian, Salbei,
Rosmarin, Oregano, Ysop,
Schnittlauchblüten,
Fenchel- und Dillblüten

Glockenblumen erobern unsere Terrasse

Sie wachsen in Fugen und in Ritzen auf unserer Terrasse. Die zarten Blautöne passen besonders gut zu dem silbergrauen Naturstein.

Unsere Natursteinterrasse trägt die Zeichen der Zeit: Fugen bröckeln, hier und da wurde ein bisschen Humus in die Löcher geweht und verschiedene Wildkräuter setzten sich „ins gemachte Nest". Wie es eben in der Natur so zugeht, wenn die Gärtnerin nicht aufpasst. Das erinnert mich an die Natursteinmauern in England. Aus Ritzen und Fugen lassen dort die Gärtner allerlei Blühendes hervorquellen – ein anrührend romantischer Effekt.

Ich hatte gerade einen Sämling der Glockenblume *Campanula persicifolia* zur Hand. Jetzt fühlt sie sich in einer größeren Fuge wohl, ja, sie wächst sogar mit ihrem Wurzelfilz auf den angrenzenden Steinen weiter und sät sich auch noch aus, obwohl sie eigentlich in Wiesen zu Hause ist. Allerdings sind die 80 Zentimeter hohen Blütenstiele an manchen Stellen im Weg. Besser geeignet ist die Karpatenglockenblume *C. carpatica*. Sie erweist sich als absolute Idealbesetzung für Fugen in Sonne und Schatten. Dicht darauf in meiner Gunst folgt *C. poscharskyana* mit sternförmigen, lichtblauen Blüten. Beide lassen sich

Campanula poscharskanya 'Stella' bezaubert mit sternförmigen lichtblauen Blüten an langen Trieben von Mai bis September.

leicht durch Wurzelrisslinge vermehren, die dann mit ein wenig Humus in die kleinsten Ritzen gesteckt werden. Das geht am besten im Frühjahr oder Herbst während einer Regenperiode. Sonst trocknen die kleinen Pflänzchen zu stark aus. Eine Neuerwerbung ist 'Sarastro', eine österreichische Sorte, die aus Wildarten entstanden ist. Sie hat

Allerlei Pflanzen in Fugen
Auch andere Pflanzen lassen sich gut in Fugen und Ritzen ansiedeln. Für sonnige Terrassen, Treppen und Mauern eignen sich mediterrane Kräuter wie Thymian, Oregano und Lavendel und auch der Frauenmantel. Wärmespeichernde Steine und ein guter Wasserabzug sind dort gewährleistet. Unter diesen Bedingungen entwickeln sich Duft und Aroma besonders gut. Auch nachträglich können Fugen ausgekratzt oder einzelne Platten aufgenommen werden. Vermischen Sie den darunter liegenden Sand mit Humus und Algenkalk und füllen Sie ihn mit Kräuterteilstücken wieder ein. Dazu den Wurzelballen mit den Händen in Teilstücke zerlegen. Zu lange Wurzeln einkürzen und mit so viel Erdmischung wie möglich mit einem Hölzchen in die Fugen schieben. Gut angießen. Diese Arbeiten werden am besten während einer regnerischen Phase ausgeführt. So wachsen auch kleinste Teilstücke gut an. Für größere Aussparungen im Plattenbelag den Wurzelballen in größere Teilstücke zerlegen. Für kleine Ritzen und Fugen lassen sich von Thymian und Bergbohnenkraut auch einzelne Wurzelrisslinge verwenden.

besonders große, violettblaue Glocken. Ihr zu Ehren haben wir sogar eine Platte aus dem Terrassenbelag herausgenommen.
In Trockenzeiten benötigen alle ab und an ein wenig Wasser. Ansonsten sind die Dauerblüher sehr genügsam. Übrigens: Ein Mauer-

Frauenmantel *Alchemilla mollis* überwuchert die Treppe zum Garten.

farn kam ganz von allein dazu und sah an der Stelle, die er sich ausgesucht hatte, sehr malerisch aus. Und einem Veilchen gefiel der Platz nebenan. Natürlich durften beide bleiben.

Rostige Nägel färben Hortensien blau

Diesen Trick hatte ich in einem alten Gartenbuch gelesen. Darin wurde empfohlen, rostige Nägel rings um die Pflanze in die Erde einzugraben. Ich tat es – und die vormals rosa Blüten färbten sich in ein fliederfarbenes Blau.

Fast hatte ich mich schon damit abgefunden, nur rosa blühende Hortensien zu haben. Sie wuchsen schon dort, als ich unser Grundstück das erste Mal sah. Obwohl sie zum grünen Zaun und der grün gestrichenen Tür eigentlich ganz hübsch aussahen, gefiel mir nach einiger Zeit das Rosa nicht mehr. Mein Traum waren ganze Hortensienberge in Himmelblau. Ich hatte sie in der Bretagne gesehen: blaue Wälle aus großen ballförmigen Blüten. Zusammen mit strahlend weißen Margeriten sahen sie zum Atlantikblau des Meeres und zum Granitgrau der Häuser einfach wunderschön aus. „Côtes des Hortensias“ nennt man auch die vom Golfstrom verwöhnte Küste, die alles bietet, was Hortensien lieben: feuchten und sauren Boden, feuchte Luft und milde Winter.
Nach dem Urlaub beschloss ich sofort, im Herbst blaue Hortensienhecken zu pflanzen. Ich kaufte also mehrere Exemplare. Sie blühten im nächsten Jahr – rosa! Ich war ratlos und habe erstmal Bücher gewälzt, um der Lösung des Rätsels auf die Spur zu kommen.

So bin ich auf den Trick mit den rostigen Nägeln gestoßen. Inzwischen weiß ich, dass Hortensien nur in sauren Böden mit niedrigem pH-Wert (4,5) blau blühen. In Lehmböden werden sie über kurz oder lang rosa. Für die Blaufärbung ist die Konzentration von Aluminium-Ionen verantwortlich, die in saurem Boden wirksam werden. Um den Ionen-Anteil zu steigern, können Sie 20 g Kali-Alaun in zehn Liter Wasser auflösen und die Pflanzen vier bis fünf Mal während des Blütenansatzes damit gießen. Auch Hortensiendünger gibt es inzwischen zu kaufen. Ich bleibe allerdings bei den rostigen Nägeln. Auch wenn ich keine wissenschaftliche Erklärung dafür habe, warum sie die Hortensienblüten blau färben.

Die Bauernhortensie *Hydrangea macrophylla* 'Bouquet Rose' blüht sehr reich. Sie reagiert am leichtesten auf Kali-Alaun oder Hortensien-Dünger und zeigt dann das gewünschte Blau.

Im Garten kann man die Zeit vergessen

Dem Glücklichen schlägt keine Stunde!
Im Garten verlangsamt sich die Zeit und bleibt fast stehen.
Zeit hat hier eine andere Dimension.

Kennen Sie das auch? Man will nur kurz einmal im Garten frische Luft schnappen und begibt sich erst nach Stunden wieder ins Haus? Aus einer kurzen Pause wird so ein ausgiebiger Rundgang durch den Garten! Die Sonne scheint und die Bank im Kräutergarten verlockt zu einer kleinen Rast. Dort fällt mein Blick auf die wuchernde und bis zu einem Meter hochwachsende Apfelminze *Mentha* x *rotundifolia* 'Bowles'. Zu einer Pause gehört eigentlich auch ein Tee, kommt mir in den Sinn. Und ich pflücke einige der herrlich duftenden Minzezweige. Dabei fällt mir ein: Wo sind eigentlich die Minzepflänzchen am Teich geblieben, die ich im vergangenen Herbst dort hingesetzt habe? Ich schaue nach und finde sie, bedrängt von allerlei Kraut, das sich am feuchten Ufer viel zu wohl fühlt. Dagegen kommen selbst die vitalen Minzen nicht an. Ich beginne zu jäten, der Minzestrauß liegt vergessen auf der Bank. Das wird auch noch eine Weile so bleiben, denn Gras, Hahnenfuß und sogar Brennnesseln setzen sich gerne in die Teichrandstauden, so dass ich noch länger zu tun haben werde.

Verlockend serviert: belebender Pfefferminztee in marokkanischen Teegläsern, von duftenden Rosenblüten begleitet

Irgendwann bin ich das Jäten leid. Eine Weile beobachte ich noch die Frösche, die sich wieder hervorwagen, nachdem ich meine störenden Tätigkeiten eingestellt habe. Eigentlich wollte ich ja nur ganz kurz draußen bleiben. Aber nach den Rosen in der Obstwiese muss ich auf jeden Fall noch sehen. Ab Mitte Mai blühen dort schon die Wildrosen. So viel

Minzen brauchen eindämmende Maßnahmen
Die Vielfalt der Minzen und ihre unterschiedlichen Duft- und Geschmacksnuancen sind unwiderstehlich. Probieren Sie mal Ananas-, Ingwer-, Basilikum- oder sogar Bananenminze zu Salaten und als aromatisch frischen Kontrast zum Obstsalat oder zu Eis. Oder die arabische Minze für einen Minztee aus den frischen Blättern, besonders köstlich eisgekühlt an heißen Tagen.
Wenn nur nicht die langen Ausläufer wären, mit denen sich die Minzen zu stark ausbreiten! Um das zu verhindern, können Sie die Pflanzen in einem großen Plastiktopf ohne Boden in das Beet setzen. So lässt sich ihr Ausbreitungsdrang kontrollieren. Oder Sie pflanzen verschiedene Sorten in Tontöpfe entlang einem Weg. An diesem Duftweg lassen sich die Duftnuancen im Vorbeigehen erschnuppern.

Zeit muss sein, um einige Zweige für einen schönen Strauß zu pflücken. Haben eigentlich die Pflaumen in diesem Jahr gut angesetzt? Ja, wahrhaftig, und die ersten Kirschen sind sogar schon reif! Es passiert mir immer wieder: Im Garten vergesse ich die Zeit. Der Weg durch die Terrassentür scheint in eine andere Welt, in eine andere Zeit zu führen. Dort kann ich alles vergessen, was eigentlich an Aufgaben und Pflichten im Haus auf mich wartet.

Schön für die Vase und gut für Tee: die weiß gerandete Ananasminze und die gelb gefleckte Ingwerminze

Die Beobachtungen draußen wirken wie eine Meditation, befreiend und erfrischend. Und plötzlich habe ich das Gefühl Zeit zu haben. Unbegrenzt. Gibt es Wichtigeres, als das Hier und Jetzt zu genießen? Ich freue mich über diese Momente unverhoffter Muße, die mir mein Garten schenkt. Bevor ich wieder ins Haus gehe, hole ich mir noch den Minzestrauß. Ein Tee aus dem frisch gepflückten Kraut wirkt so wunderbar belebend. Danach kann ich ja wieder an die Arbeit gehen.

Blumen aus Nachbars Garten

Die Frage: „Was blüht denn bei Ihnen dort hinten so schön?", wird in der Regel von passionierten Gärtnern richtig verstanden und mit dem Angebot, im Frühjahr oder Herbst „ein Stück abzustechen", beantwortet.

Alles was sich gut vermehren und leicht teilen lässt, wanderte früher – und manchmal auch heute noch – über den Gartenzaun. Dabei handelt es sich zumeist um robuste Gesellen, die so in vielen ländlichen Gärten durch eine harte Auslese gegangen sind. Viel Arbeit durften sie nicht machen, aber sie sollten trotzdem schön aussehen und lange blühen. Das waren typische Bauerngartenpflanzen, die vor der Zeit der bunten Kataloge und Gartencenter den Ton angaben, und der war in der Hauptsache fröhlich.
Auch heute noch leuchten im Frühjahr das Goldgelb der Gemswurz *Doronicum orientale* in allen Vorgärten und im Sommer die bunte Dahlienvielfalt hinter den Hecken, denn Dahlienknollen sind geradezu zum Teilen und Weitergeben bestimmt. Phlox und der Bauerngarten-Sonnenhut *Rudbeckia laciniata* 'Goldball', die Taglilie *Hemerocallis fulva,* aber auch manche Kräuter wie Liebstöckel, Schnittlauch und Pfefferminze gehören zu den robusten Pflanzen, die alle durchaus ein Teilstück entbehren können.

Die alte Tagliliensorte *Hemerocallis fulva* bildet große Horste. Da fällt es leicht, ein Teilstück zu verschenken. Alle Taglilien sind essbar. Die Blüten schmecken knackig und süß. In China werden die noch geschlossenen Knospen als Gemüse im Wok gedünstet.

Auch in meinem ländlichen Garten und in den Gärten der Nachbarn haben diese Pflanzen die Zeiten ohne sonderlich viel Pflege überdauert. Sie haben immer noch eine Zukunft, gerade für pflegeleichte Gärten, und das auch in der Stadt. Wenn Sie einen Stadtgarten pflegen, dann fahren Sie doch mal landeinwärts und stellen, wenn Ihnen etwas besonders gut gefällt, die oben angeführte Frage.

Von den alten Schätzen liegt mir die orangebraune Taglilie *Hemerocallis fulva* am Herzen, die aber nicht jedermann gefällt. In einem Gartenbuch lese ich, dass diese alte Pflanze „niemanden mehr hinter dem Ofen hervorlocke“. Kein Wunder bei der Fülle der farbenprächtigen Neuzüchtungen. Aber mir

ist die Verschmähte wegen ihrer Robustheit und Blütenfülle trotzdem lieb. Ihre von manchen Gärtnern als langweilig bezeichnete Farbe kann sogar raffiniert wirken, zum Beispiel neben fruchttragenden Himbeerhecken oder der kupferorange leuchtenden Strauchrose 'Westerland'. Vielleicht pflanze ich auch noch eine der schönen Neuzüchtungen dazu.

Teichpflanzen wachsen besonders üppig. Auch die Seerosen breiten sich stark aus. Sie eignen sich hervorragend zum Teilen und Tauschen mit anderen Teichbesitzern.

'Stella de Oro' in Goldgelb mit langer Blütezeit von Mai bis September wäre eine gute Wahl. Und dann reiche ich eines Tages, wenn sie sich gut vermehrt hat, der Nachbarin ein Wurzelstück über den Zaun.

Wonach Rosen duften

Ob Männer, Frauen oder Kinder: Alle lieben den Duft der Rosen. Kein Wunder, denn er erhöht die Produktion der körpereigenen Glückshormone.

Den ersten Rosenduft des Jahres genieße ich Mitte Mai. Gleichzeitig mit den goldgelben Blütentrauben des Goldregens öffnen sich die leuchtend roten, duftenden Blüten von *Rosa pimpinellifolia* 'Red Nelly'. Das ist für mich das Signal für den kommenden Rosensommer. Aber ist es ein typischer Rosenduft? Den gibt es eigentlich gar nicht. So vielfältig wie die Farben und Formen der Rose sind, ist auch ihr Duft.

Jede Rose duftet anders und jede Nase nimmt Duft anders wahr, denn die Anordnung der Riechzellen in der Nase ist individuell, genau wie die der Geschmackspapillen. „Ich rieche nichts", höre ich manchmal von Besuchern, die von mir genötigt werden, die Nase in unsere Duftrosen zu stecken. Das kann an ihrer Nase liegen. Oder an der Tageszeit. Die ätherischen Öle, die wir als Rosenduft wahrnehmen, stammen aus den Drüsenzellen der Blütenblätter. Sie verflüchtigen sich im Laufe des Tages. Deshalb ist der Rosenduft frühmorgens am stärksten. Er ist auch abhängig vom Blütenstadium sowie von Boden, Klima und Düngung.

Manche Rosen duften nach Lilien, Flieder, Veilchen, Maiglöckchen, Holunder oder Lindenblüten, andere nach Zitrusfrüchten, Himbeeren und sogar Bananen. Auch Myrrhe, Nelken, Zimt und Muskat kann eine gute Nase herausschnuppern. Aus mehr als 400 Komponenten setzt sich der Duft zusammen, darunter Geraniol, Nervol und Citronellol in unterschiedlichen Anteilen.
Wenn Sie den Wahrheitsgehalt dieser Zeilen testen wollen, hier einige Beispiele: Die Bourbonrose 'Mme Isaac Pereire' duftet fruchtig süß nach Himbeeren, *Rosa nitida* nach Maiglöckchen, *Rosa alba* 'Suaveolens' verströmt einen lieblichen Duft mit Anklang an Lindenblüten. Die Kletterrose 'Direktor Benshop' riecht nach Lilien mit leicht fruchtiger Komponente.
Der Alten Rose 'Belle Isis' wird ein Myrrheduft mit einem Hauch von Anis zugeschrieben: angenehm, aber ohne Süße. Nach Myrrhe riechen auch einige Englische Rosen, zum Beispiel 'Constance Spry' und 'Chaucer'. 'Dupontii' duftet an warmen Tagen tatsächlich nach Bananen! Noch mehr Obstaroma liefern 'Wedding Day' mit Orangenduft, 'Ferdinand Pichard' mit Himbeer- und 'Erotica' mit Erdbeerduft. Den „echtesten" Rosenduft haben Damaszenerrosen und Zentifolien. Probieren Sie es aus und schnuppern Sie sich durch den Rosensommer. Falls Sie die Duft-

nuancen anders empfinden, liegt es, wie gesagt, an Ihrer Nase – oder an meiner.

Gesunde Rosen

Damit die Rosen gesund bleiben, viel Duft entwickeln und reich blühen, brauchen sie ausreichend Dünger und Wasser. Sie gedeihen besonders gut mit organischen Dünger-

Die Rose 'Dupontii' überrascht an warmen Tagen mit Bananenduft. Die stachellose, einmal blühende Strauchrose wird bis zu zwei Meter hoch.

gaben. Das Rosarium Dortmund ist für die prächtige Blütenfülle seiner Rosen bekannt. Hier sind die erprobten Praxistipps der zuständigen Gärtner:

Düngen

Verrotteten Stallmist oder reifen Kompost alle drei bis vier Jahre 3–5 Zentimeter im

Spätherbst dick um die Rosen geben und mit der Grabegabel in die Erde einbringen. 100 bis 125 Gramm Hornspäne pro Quadratmeter jährlich Ende Februar einharken, im Mai nochmal 50–60 Gramm. Zu den gleichen Terminen alle drei bis vier Jahre 50–60 Gramm Knochenmehl zusätzlich einbringen. Kalidünger (Patentkali) erhöht die Winterfestigkeit. 30 Gramm jeweils Anfang April und Mitte August pro Quadratmeter ausstreuen und einharken. Reichlich Wasser in Trockenzeiten fördert die Blütenfülle. Dabei lieber einmal viel (20–30 Liter pro Quadratmeter) als häufig wenig gießen. Die Blätter sollten dabei nicht benetzt werden, um Pilzkrankheiten zu vermeiden.

Schneiden

Die verblühten Rosen regelmäßig beim Sommerschnitt bis zum ersten vollständigen Blatt zurückschneiden. Das regt die Blühfähigkeit an. Im Frühjahr erfolgt zur Zeit der Forsythienblüte (um den 1. April) bei Beet- und Strauchrosen ein kräftiger Rückschnitt um ein Drittel. Überalterte Triebe, die man an der dunkleren, rissigen Borke erkennt, und dünne und abgestorbene Triebe dabei entfernen. Noch ein besonderer Tipp aus dem Rosarium: Bei krankheitsanfälligen Rosen hilft eine „Radikalkur“. Dazu werden alle Triebe der Rosen im April bis auf die knub-

belig verdickte Veredelungsstelle zurückgeschnitten, so dass keine Triebreste mehr zu sehen sind. Das erfordert das erste Mal ein bisschen Mut. Aber die Rosen treiben aus den so genannten „schlafenden Augen" neu und völlig gesund wieder aus, sie blühen allerdings in dem Jahr später als normal. Ich habe das „Anti-Aging" für Rosen ausprobiert. Es haben sich zahlreiche Neutriebe gebildet, das Blattwerk ist nun krankheitsfrei.

Bis zur Veredelungsstelle werden alle Triebe bei einem Verjüngungsschnitt zurückgeschnitten.

Von wehrhaften und sanften Rosen

Wer Rosen will, muss die Dornen ertragen und das kann schmerzhaft sein! Ohne Kratzer durch den Sommer kommen Sie mit den sanften Rosen ohne lästige Widerhaken.

„Haben Sie Katzen?", werde ich im Sommer manchmal gefragt. „Nein, Rosen", sage ich dann seufzend. „Wer Rosen bricht, die Finger sticht", sagt ein altes Sprichwort. So ist das eben. Wer gefüllte Vasen und einen schönen Garten haben will, muss leiden.
Nun, ein paar Kratzer sind ja nicht so schlimm. Wenn ich aber manchmal so vor mich hin jäte und dabei richtig in die Rosen krieche, sind meine Begegnungen mit ihnen ausgesprochen schmerzhaft. Denn beim plötzlichen Aufrichten bohren sie sich mit ihren Widerhaken gerne in die Kopfhaut. Falls Ihnen das auch manchmal passiert, lege ich Ihnen den guten Ratschlag einer Gartenfreundin ans Herz: „Gehen Sie nur mit Mütze oder Hut zum Jäten!" Ich habe es ausprobiert und mich nach einiger Zeit gewundert, warum da eine Mütze im Gebüsch hängt.
Wer nicht mit kompletter Vermummung im Garten arbeiten will – was sollen denn die Nachbarn denken? –, pflanzt einfach Rosen, die nicht so kratzbürstig sind. Es gibt tatsächlich einige Sorten ohne diese lästigen Anhängsel. Das Sprichwort „Keine Rose ohne

Dornen“ stimmt nämlich nicht. Übrigens: Botanisch gesehen haben die Rosen Stacheln. Im Gegensatz zu den echten Dornen sind sie nicht mit dem Stängel verwachsen, sondern lassen sich leicht abbrechen.

Bei den sanften Vertretern der romantischen Sippe erhole ich mich gern von ihren wehrhaften Schwestern. Die Ramblerrosen ‘Lykkefund’ und ‘Veilchenblau’ zählen dazu und die Kletterrose ‘Zephirine de Drouhin’. Bei den Strauchrosen sind es u. a. ‘Belle de Crécy’, ‘Mrs. John Laing’, ‘Schneewittchen’, ‘Martha’ und ‘Kathleen Harrop’.

Trotzdem: Manchmal spiele ich mit dem Gedanken, die Stacheldrahtrose mit dem fast unaussprechlichen Namen *Rosa omeiensis* f. *pteracantha* zu bestellen. Ihre in der Sonne blutrot aufleuchtenden Stacheln sind unglaublich schön! Ich gebe es zu, das klingt etwas unvernünftig. Aber wer sagt denn, dass Gärtnern etwas mit Vernunft zu tun hat?

Köstlichkeiten mit Rosenblüten

Wie in früheren Zeiten lassen sich duftende Rosen kandiert oder als Rosengelee auf dem Brötchen genießen – aber auch als Dekoration von Traumtorten.

Der Beginn der Rosenblüte mit den frühblühenden Rosen wie 'Gloire de Dijon' Ende Mai verheißt für Familie und Gäste Rosenfreuden in allen Dimensionen. Im Garten, als üppige Sträuße im Haus, als Tischdekoration und – für manche sicherlich überraschend – als Rosengelee oder verzuckert auf dem Kuchen. Durch die Zugabe von Zucker wird der köstliche Rosenduft konserviert und mit Rosensirup und Rosenwasser lässt sich der Rosensommer noch im Winter genießen. Aber, lassen sich da die Kritiker vernehmen: Die schönste aller Blumen, der Liebesgöttin Aphrodite geweiht, einfach so essen – ist das nicht ein Sakrileg? Die Königin der Blumen, wie die griechische Dichterin Sappho sie als erste nannte, darf heute nur noch schön sein. Das war in früheren Zeiten anders, da war sie hauptsächlich eine Nutzpflanze. Im 1. Jahrhundert nach Christus gab es in Rom um die 30 Heilmittel, in denen Rosen verwendet wurden. Sie galten praktisch als Allheilmittel und sollten besonders wirksam gegen Depressionen sein. Der Schriftsteller Plinius empfahl gar, Rosen „wie Sauerampfer ins

Die Schottische Zaunrose *Rosa rubiginosa* eignet sich wie alle Wildrosen für die Küche. Ihre Blätter duften – besonders nach einem warmen Regen – nach reifen Äpfeln.

Essen zu tun". Das erscheint uns heute doch etwas drastisch. Nein, ihr Platz ist eher in der feinen, raffinierten Küche. Der Geschmack der Rosen ist zart und leicht, ein köstlicher, eher flüchtiger Genuss – wie es bei einer „Götterspeise" nicht anders zu erwarten ist. Eines der einfachsten Rezepte ist es, sie zu kandieren: Ein Eiweiß leicht verschlagen und

Kandierte Rosen sind eine herrliche Kuchendekoration.

mit einem Pinsel alle Blütenblätter bestreichen. Dann mit feinem Zucker bestreuen und an einem warmen Ort trocknen lassen. Am schnellsten geht es im Backofen auf niedrigster Stufe. Dabei zwischen Tür und Ofen einen Holzlöffel klemmen, damit die Feuchtigkeit abziehen kann. Eine traumhaft schöne Dekoration für Torten, ganz leicht herzustellen. Das stark duftende Konditorröschen 'Conditorum', auch Zuckerröslein genannt, wurde früher für süße Delikatessen verwandt. Heute wächst es auch in unserem Garten. Oder 'Ispahan', eine der schönsten Alten Rosen mit einer langen Blütezeit. Neu gepflanzt habe ich die dunkelpurpurfarbene 'Cardinal de Richelieu', die fuchsienfarbige, wiederholt blühende 'Rose de Resht' und

'Mme Isaac Pereire', auch sie werden bald einige duftende Blüten für meine Rosenrezepte spendieren.
Der Rosensommer beginnt gerade, es ist noch viel Zeit zum Ausprobieren. Alle Rosen, ob Wildrosen, Alte Rosen oder moderne Sorten, sind verwendbar. Hauptsache sie duften und sind nicht gespritzt. Das beste Aroma haben die Damaszenerrosen und die Zentifolien. Mit Rosengelee und vielen anderen Rezepten lässt sich ihr köstlicher Duft in den Winter retten.

Küchentipp

Rosengelee
15–20 Duftrosen
3/4 l trockener Weißwein
1 kg Gelierzucker
Die Rosen entblättern und den hellen Blütenboden abschneiden. Die Blütenblätter mit dem Wein bis kurz vor dem Siedepunkt erhitzen, 15 Minuten gut verschlossen ziehen lassen, dann absieben und abkühlen lassen. Den Gelierzucker in die Flüssigkeit geben und unter Rühren vier Minuten sprudelnd kochen lassen.

Rosentorte

1/2 Tasse Rosengelee
250 g Himbeeren
400 g Sahne
2 Päckchen Sahnesteif
1 dreiteiliger Biskuitboden
Duftrosen, kandiert

Das Rosengelee erwärmen und mit den Himbeeren verrühren. Die Sahne mit dem Sahnesteif sehr steif schlagen. Die Beeren mit einem Drittel der Sahne vermischen. Die Masse auf zwei Böden verstreichen und mit der dritten Teigplatte abdecken. Mit der restlichen Sahne die Torte bestreichen. Mit einem Palettenmesser betupfen, bis die Sahne Struktur bekommt. Mit kandierten Rosen garnieren und mit Puderzucker bestäuben.

Rosenbowle

6–8 Duftrosen
2 Esslöffel Zucker
1 kleines Glas Weinbrand
2 Flaschen trockener Weißwein
1 Flasche Sekt

Von den Rosenblüten den hellen Blütenboden abschneiden, die Blüten mit dem Zucker bestreuen und mit dem Weinbrand und einer halben Flasche Wein 1–2 Stunden ziehen lassen, dann absieben. Zum Servieren den restlichen Wein und den Sekt zugeben, mit frischen Rosenblüten garnieren.

Unter der Rosenpergola arrangiert: Köstliches mit Rosenblüten. In der Rosensaison lasse ich ab und zu in der Vogeltränke am Ende des Weges Rosenblüten schwimmen, eine Idee, die ich aus Marokko mitgebracht habe.

Sommerlange Rosenpracht

Historische Rosen verführen mit köstlichen Düften und überquellender Blütenfülle. Aber sie blühen nur einmal in der Saison. Für die Zeit danach sind die sommerlang blühenden modernen Rosen unverzichtbar.

Wer wie ich den Reizen der zauberhaften historischen Rosen, den so genannten Alten Rosen, verfallen ist, leidet oft nach den Blütenträumen des Sommers an der besonderen Form einer „Garten-Depression", die als Folge euphorischer Rosenleidenschaft auftreten kann. „Wie eine Henne nach dem Brüten", so sieht manche Alte Rose nach der Blütezeit aus. Leicht zerzaust und mit magerem Blätterkleid. Dieser drastische Vergleich stammt von einer der hiesigen Landfrauen, die unseren Garten besuchten. Sie hatten Verständnis für die schwachen Momente des Gartens. Die gibt es nun mal nach dem ersten Blütenrausch im Juli.

Manchmal möchte ich es beim Anblick meiner lädierten Rosen sogar dem englischen Gartenbuchautor Christopher Lloyd nachtun. Er hat in seinem berühmten Garten „Great Dixter" den historischen Rosengarten roden lassen, vermutlich aus den oben genannten Gründen. So weit will ich es aber nicht kommen lassen. Stattdessen werde ich im Herbst Abhilfe schaffen. Mit der Kombi-

Die wunderbar duftende Moschatarose 'Buff Beauty' mit aprikosengelben Blüten wächst breitbuschig. Zusammen mit dem antiken Gartenstuhl ist sie ein wochenlanger Blickfang in dem Beet auf unserer Terrasse.

nation einmal blühender Alter Rosen mit öfterblühenden modernen Rosen als Vorpflanzung. Gelungen ist mir diese Liaison schon mit der Albarose 'Celestial' und der modernen Rose 'Bonica 82', die während der gemeinsamen Blütezeit ihre locker gefüllten rosa Blütenschalen miteinander verflechten. Danach übernimmt 'Bonica' den Blühpart

alleine bis zum Ende der Saison. Schöne Vorpflanzungen bilden auch die weißblühende 'Schneeflocke' oder die rosafarbenen Sorten 'Sommerwind' und 'Schöne Dortmunderin'. Sie sind sehr gesund und blühen bis zum Frost, so dass es keinen Grund gibt, so zu handeln wie der englische Gartenrebell. Diese und andere moderne Züchtungen, bei denen viel Wert auf Gesundheit und natürli-

Besonders reich blüht die Beetrose 'Bonica 82'. Ihre leicht gefüllten Blüten halten sich lange.

ches Aussehen gelegt wird, würden vielleicht auch Christopher Lloyd wieder auf den Rosengeschmack bringen. Übrigens, die Albarose 'Celestial' hat, wie alle Albarosen, auch nach der Blüte noch Blattwerk, das gut aussieht. Es lohnt sich immer, nicht nur während der Blütezeit in Schaugärten und Rosarien die Rosen zu betrachten, sondern auch danach.

Öfterblühende moderne und Alte Rosen
Schön, gesund und nicht zu groß:
Diese Rosen sind besonders für kleinere Gärten zu empfehlen.

Moderne Rosen (öfterblühend)

- 'Dortmunder Kaiserhain', gefüllt, hellrosa, 1,20 m
- 'Buff Beauty', gefüllt, aprikosengelb, üppige Herbstblüte, Teerosenduft, 1,50 m
- 'Edenrose 85', dicht gefüllt, zartrosa, ähnelt Alten Rosen, 1,50–2 m
- 'Felicia', gefüllt, lachsrosa, süßer Duft, üppige Herbstblüte, 1,50 m
- 'Gartenarchitekt Günther Schulze' (syn. 'The Pilgrim'), die robusteste der Englischen Rosen, zitronengelb, würziger Duft, reichblühend, 1,80 m
- 'Mozart', einfache rosa Blüten mit weißem Auge, reichblühend, breitbuschig, 0,80–1,20 m, sehr gesund
- 'Estima', zartrosa, sehr gesund, lockere Wuchsform, 1,10–1,30 m
- 'Leonardo da Vinci', dunkelrosa, dicht gefüllt, regenfest, 60–80 cm
- 'Abraham Darby', pfirsichfarben, Englische Rose, stark duftend, 1,50 m

Die Englische Rose 'Abraham Darby' duftet köstlich.

Alte Rosen (einmal blühend)

- 'Rose de Resht', stark gefüllt, fuchsienfarbig, herb-süßer Duft, unverzichtbar, 90 cm
- 'Mme Boll', rosa, gefüllt, starker Duft, 1,40 m
- 'Salet', hellrosa, gefüllt, schlanke bemooste Kelchblätter, feiner Duft, 1,20 m
- 'Sidonie', dicht gefüllt, wunderbarer Duft, 1 m
- 'Rose du Roi', gefüllte karmesinrote Blüten, intensiver Duft, 1–1,20 m
- 'Rose du Roi à Fleurs Pourpres', Blüten gleichen der Schwesterrose, der Farbton ist jedoch Purpur-Violett, stark duftend, 1,20 m

Rote Rosen sind schwierige Partner

Die Blumen der Liebe in Blutrot passen nicht in jedes Farbschema. Aber Blattwerk in Kupfertönen und silbrige Kräuter können die Leuchtfarben mildern.

„Für mich soll's rote Rosen regnen", sang Hildegard Knef und wünschte sich ein Leben mit Liebe, Luxus und Beifall. Wer möchte das nicht? Seit die Römer Rosenblüten von der Decke herab auf die Gäste ihrer Bankette rieseln ließen, ist das der Inbegriff von Luxus.

Alle lieben rote Rosen. Beim Floristen gehören sie zum eisernen Bestand, langstielig, dunkelrot und – duftlos. Gekauft werden sie hauptsächlich von Männern; nach alter Sitte pro Beziehungsjahr eine Rose. Und rot wie Blut müssen sie sein, denn Rosen sind ein erotisches Symbol.

Aber im Garten fügen sich rote Rosen selten gut ein. Sie passen einfach nicht in das genau ausgetüftelte Farbschema der schönen Staudenbeete in zartem Pastell. Die Signalfarbe zieht alle Aufmerksamkeit auf sich, sie knallt regelrecht aus dem Beet und lässt subtileren Farbkombinationen keine Chance. Zudem gibt es außer den oft duftlosen Polyantha- und Floribundarosen nicht viele Rosen in dieser Farbe, die empfehlenswert sind. Denn trotz aller Schönheit verlangen wir auch

Ein klassischer Obelisk präsentiert die rote Rose 'Hamburger Phoenix' wirkungsvoll. Farblich eingebunden wird sie durch blühende Stauden und Clematis.

noch Robustheit, Duft und eine perfekte, lockere Wuchsform. Tiefrote Sorten sind jedoch anfälliger für Blattpilze als alle anderen, dazu wachsen sie oft steif und sparrig. Kann man die stolzen Schönheiten überhaupt harmonisch in den Garten integrieren? In einem schönen Garten sah ich die Lösung des Problems: Neben einem Beet aus

niedrigen, knallroten Polyantharosen, einem Überbleibsel aus den achtziger Jahren, hatte die Gartenbesitzerin ein kleines Gärtchen ganz in Rot- und Kupfertönen angelegt. Und plötzlich sahen die Rosen aus, als gehörten sie genau dahin.

Aber auch Kräuter stehen ihnen „gut zu Gesicht“. Die silbrigen Töne von Lavendel, Salbei und Wermut mildern grelle Farben.

Die silbergrauen weichen Blätter von *Stachys byzantina* bilden einen auffallenden Kontrast zu den scharlachroten Blüten der Rosen.

Rotlaubiger Fenchel *Foeniculum vulgare* 'Rubrum' und *Heuchera* 'Palace Purple' wiederholen das Rot und wirken verbindend. So ein „Paukenschlag in Rot" gefällt nicht jedem. Aber mich verlockt es schon, die „rote Herausforderung" anzunehmen.

Frische Farben für das Augustbeet

Immer gut aussehen soll unser Staudenbeet.
Aber im Spätsommer wirkt es müde und blass.
Dauerblüher und goldgelbe Blätter schaffen Abhilfe.

Jedes Mal nach dem Kirchgang bestand meine Mutter darauf, dass ich das gute Sonntagskleid wieder auszog, damit es lange schön blieb. „Immer fein ist nimmer fein", sagte sie dazu. Dieser Spruch fällt mir beim Anblick des spätsommerlichen Staudenbeets ein. Das Sonntagskleid meines Gartens ist im August leider „nimmer fein", sondern etwas schäbig und abgetragen. Die Frische des Frühlings ist vergangen wie bei einem zu häufig getragenen Kleid, dessen Farben verblasst sind. Auch wenn wir dem Garten mal Blühpausen gönnen müssen, der Wunsch nach dauerhaft schönen Bildern lässt sich nicht verdrängen. Nun könnte man ja im August Urlaub nehmen und dem Garten eine wohlverdiente Ruhepause gönnen, ich bleibe im Sommer aber lieber zu Hause. Deshalb ist es mir wichtig, dass die Beete durch schöne Blattfarben und lange blühende Stauden auch jetzt farbig und frisch aussehen. Zu meinen Favoriten gehören dabei goldene Blattfarben, die auch an trüben Tagen Sonne ins Beet zaubern. Zum Beispiel der Holunder *Sambucus canadensis* 'Aurea', der niedriger

Der goldlaubige Perückenstrauch *Cotinus coggygria* 'Golden Spirit' wird als Neuheit angeboten. Besonders malerisch ist die Kombination mit der kräftig roten Taglilie 'Lusty Lealand'. Die goldenen Blätter behalten ihre Farbe bis zum Herbst.

bleibt als der bekannte Hollerbusch. Oder der lichtgelbe Falsche Jasmin *Philadelphus coronarius* 'Aureus'. Der vergrünt allerdings im Laufe der Saison. Deshalb sollte er nach der Blüte zurückgeschnitten werden. Nur die frischen Triebe zeigen das begehrte Gold. Rotlaubiges wie der Perückenstrauch *Cotinus coggygria* 'Royal Purple' und die rot-

Salvia nemerosa 'Ostfriesland' ist eine sehr wüchsige Sorte des vielseitigen Ziersalbeis mit blauvioletten Blütenrispen. Wenn die verblühten Rispen regelmäßig herausgeschnitten werden, dauert die Blüte bis zum September.

laubige Berberitze *Berberis thunbergii* 'Atropurpurea' verleihen dem Beet Tiefe und Schattenwirkung.

Eine schöne Ergänzung zu roten und gelben Blattfarben ist der lilablaue Gartensalbei *Salvia nemerosa* 'Mainacht' oder 'Ostfriesland'. Dieser Farbdreiklang wirkt harmonisch und frisch, er ist lebhaft, ohne aufdringlich zu sein. Eine dauerhafte Ergänzung dazu ist die Spornblume *Centranthus ruber* mit himbeerroten Blüten. Wie der Gartensalbei blüht sie bis in den September, wenn die verblühten Rispen regelmäßig herausgeschnitten werden. *Corydalis lutea*, der ausdauernd blühende Lerchensporn, zeigt seine gelben Blütentupfer gar von April bis November ununterbrochen.

Mit Laubfarben und den „Langspielplatten“, wie der berühmte Staudenzüchter Karl Foerster die Dauerblüher nannte, gibt es vielleicht doch das „immerfeine“ Beet. Holunder und Falscher Jasmin sind schon gepflanzt. Jetzt müssen sie nur noch wachsen.

Dankbare „immerblühende“ Stauden

Als Basisstruktur eines Beetes in sonniger Lage mit durchlässigem Boden in rhythmischen Abständen zu drei, fünf oder sieben Exemplaren pflanzen. Dazwischen beleben Stauden mit kürzerer Blütezeit das Beet, wie Staudenmohn, Taglilien, *Geranium* und *Sedum*.

Lange Blütezeiten haben:

- Spornblume *Centranthus ruber*, Juni bis September, himbeerrot und weiß
- Ziersalbei *Salvia nemorosa* ‘Ostfriesland’, Juni bis September, blau-violett
- Frauenmantel *Alchemilla mollis*, Juni bis August, Sonne und Schatten, grünlich-gelb
- Katzenminze *Nepeta* x *faassenii* ‘Walkers Low’, Juni bis Oktober, blau
- Witwenblume *Knautia macedonica*, Juni bis November, dunkelrot
- Lerchensporn *Corydalis lutea*, April bis November, Sonne und Schatten, gelb und weiß

Jetzt ist Hochsaison für die Kapuzinerkresse

Schon seit dem 16. Jahrhundert blüht die farbenfrohe Indianerkresse aus Peru in unseren Gärten. Die neuen Züchtungen in raffinierten Farben sind verführerisch und top-modisch.

Bei uns ist im Sommer die fröhlichste Zeit im Garten. Es blüht in vielen Töpfen, Kästen und in all jenen Lücken, in die ich im Mai die kugeligen, runzligen Samen der Kapuzinerkresse gesteckt habe. Einige finden das vielleicht zu bunt. Der impressionistische Maler Claude Monet hingegen kannte da keine Scheu. Über einen breiten Kiesweg ließ er in seinem Garten in Giverny breite Bänder goldgelber und orangefarbener Kapuzinerkresse fließen. Ein unvergesslicher Anblick. Dazu pflanzte er noch Dahlien, Astern, Gladiolen und mehr. All die altmodischen Bauerngartenblumen, die im August das Sommerloch verhindern und so gut zu den warmen Farben der Kapuzinerkresse passen. Ich kaufe Samentüten von jeder Sorte, die ich bekommen kann. Niedrige und rankende, bunte Mischungen, dunkelrote wie 'Empress of India' und 'Mahagony', die zartgelbe 'Primrose' und die cremefarbene 'Peach Melba' mit rötlichen Flecken am Blütengrund. Dann gibt es noch 'Apricot' und 'Moonlight'

oder 'Cherry Rose' – Namen, die neugierig machen.
Immer dabei ist die Sorte 'Alaska' mit schönem weiß geflecktem Laub. Blätter und Blüten würzen und schmücken jeden Salat, so manche Suppe und oftmals auch das Hauptgericht. Geben Sie sie zu einer sahnigen Kartoffelsuppe, zu pochiertem Lachs und sogar zum süßen Dessert. So serviert sie der Gourmetkoch Oskar Marti aus der Schweiz. Der Kontrast ist wirklich raffiniert. Verwenden Sie die Blüten frisch oder auch mit Eiweiß und Zucker kandiert.
Wer nicht gleich reinbeißen will, kann die einzelnen Blütenblätter auszupfen und erst mal unter einen Salat mischen. Später wird man mutiger. Am schönsten ist eine Mischung aus verschiedenfarbigen Blüten. Sie schmecken alle gleich, ungefähr wie die bekannte Blattkresse mit einem Hauch Pfeffer. Die köstliche Schärfe der Indianerkresse, wie sie auch genannt wird, wirkt blutreinigend und antibiotisch. In ihrem Heimatland Peru dienen die Blätter auch mal als Pflaster bei kleinen Wunden. Hierzulande legte man schon Anfang des 20. Jahrhunderts die Blütenknospen wie Kapern in Essig ein. Sie galten sogar als wohlschmeckender als die Kapern aus dem Mittelmeerraum.
Wenn Sie also demnächst irgendwo Samentütchen finden, dann rate ich Ihnen zum

Für einen frischwürzigen Kräuteressig können Sie eine Hand voll Kapuzinerkresse-Blüten in gutem Weinessig ausziehen lassen. Im Hintergrund sind die weiß gefleckten Blätter der Kapuzinerkresse 'Alaska' zu sehen.

Kauf. Bei so vielen Vorzügen werden Sie im nächsten Jahr froh sein, wenn reichlich Probiermaterial zur Verfügung steht. Und wenn Sie Glück haben, sät sich die Kapuzinerkresse an günstigen Plätzen demnächst selbst aus.

Küchentipp

Kapuzinerkresse-Kapern

2 Hand voll Kapuzinerkresseknospen
1/2 Teelöffel Salz
1/8 l Weinessig
Die noch nicht geöffneten Knospen mit dem Salz bestreuen und ein paar Stunden stehen lassen. Den Essig mit den Blütenknospen kurz aufkochen, absieben und noch einmal aufkochen. Zusammen mit den Kapern in ein kleines Schraubglas füllen und gut verschließen. Nach 14 Tagen den Essig noch mal aufkochen und wieder über die Kapern geben. Kühl und dunkel lagern.

Kapuzinerkresse-Blütenessig

3/4 l Weinessig
2 Hand voll Kapuzinerkresseblüten
Die Blüten mit dem Essig in eine schöne Flasche füllen. 10–14 Tage auf der warmen Fensterbank ausziehen lassen, dann an einen dunklen Platz stellen. Die Blüten können in der Flasche bleiben.

Dschungelträume und ihre Folgen

Mit Kletterpflanzen lassen sich schnell romantische Bilder gestalten. Aber nach einigen Jahren sind sie ganz schön arbeitsintensiv.

Anfänger erhalten viele gute Tipps. Etwa so: „Was wollt ihr denn damit, das ist doch nur Gestrüpp!“, oder „Kletterpflanzen? Die wuchern alles zu.“ Das wollte ich aber nicht hören. Denn mein Traumziel war ein romantischer Garten. Er sollte richtig dschungelartig sein. Und das geht bekanntlich am schnellsten mit Kletterpflanzen, die alle Wände beranken, über Pergolen wuchern und sich durch Bäume und Sträucher hangeln.

Wenn wir damals nur gewusst hätten, welche Arbeit diese unbändige Natürlichkeit macht. Dann hätten wir vielleicht auf die wohlmeinenden Ratgeber gehört. Doch wahrscheinlich muss jeder Anfänger seine Fehler selber machen. Allein die *Wisteria* über der Terrassentür: Sie schwingt sich eifrig auf das Dach und verdunkelt als grüne Gardine alle Fenster. „Bis 20 Meter hoch werdend“, steht in einem Nachschlagewerk. Du meine Güte, das habe ich wohl überlesen.

Jetzt muss mein Mann schneiden, bis zu sechs Mal im Jahr. Von der hohen Leiter fliegt dann das üppige Blattwerk nach unten.

Das Aufsammeln ist meine Arbeit. Die Biomasse ist so groß, dass wir einen eigenen Komposter dafür anlegen mussten.
Gut, dass wir uns von dem noch schlimmeren Knöterich *Polygonum aubertii* schon in den ersten Jahren verabschiedet haben. Von der starkwüchsigen *Clematis montana* var. *rubens* gab es gleich vier an der Zahl, zwei am Haus und zwei am Carport – wegen der Romantik. Ein Traum zur Blütezeit. Als die Antenne des Autos durch das üppige Zweiggewirr abbrach, war der Rückschnitt fällig und ein weiterer Komposter. Wir reduzierten auf eine Pflanze. Denn ihre alles umhüllende Reichweite beträgt immerhin sechs Meter und höher.
In diese wuchernde Kategorie gehören auch die von mir so sehr geliebten Ramblerrosen. Sie schwingen sich in meinem Garten in alte Obstbäume und lassen die Bäume nach der wunderschönen Blüte im Juni noch ein zweites Mal aufblühen. Im Kirschbaum klettert die zauberhafte 'Paul's Himalayan Musk Rambler' mit zartrosa Blüten, die wie Kirschblüten aussehen, an die 10 Meter hoch. Im Apfelbaum gibt sich die angeblich nur sechs Meter hoch werdende zauberhafte 'Lykkefund' ziemlich ungebärdig. Sie darf trotzdem bleiben, weil ich sie so schön finde, genau wie 'Veilchenblau'. Alle drei duften ganz herrlich.

In den ersten Jahren machen sie wenig Arbeit. Später sollten sie ausgelichtet werden. Das erfordert einen zeitraubenden Rückschnitt von meterlangen Trieben und es stellt sich die Frage: wohin damit?
Meine Liebe gilt nach wie vor den vielseitigen Kletterpflanzen, die den Luftraum mit ihrer Blütenfülle verzaubern. Aber jetzt achte ich auf die Höhenangaben. Höchstens drei

Vitale Kletterpflanzen sorgen für romantische Stimmung. Aus dem alten Apfelbaum lässt die Ramblerrose 'Lykkefund' ihre üppigen Blütenkaskaden fallen. Die *Wisteria* über der Terrassentür musste inzwischen einer Weinrebe weichen.

bis vier Meter Wuchshöhe darf auf dem Etikett stehen, sonst lasse ich die Finger davon. „Aus Schaden wird man klug", sagt der Volksmund und „Weniger ist manchmal mehr". Auf jeden Fall bedeutet weniger Arbeit mehr Freizeit.

Wegen des schönen, delikaten Farbverlaufs passt das Geißblatt 'Belgica Select' gut zu Rosen. Dabei ist es sinnvoll, auf ausreichenden Abstand zu achten.

Die besten Kletterpflanzen, die schnell und nicht zu üppig wachsen

Alle Kletterpflanzen sehen nicht nur an Pergolen und Wänden gut aus. Sie wirken romantischer, wenn sie sich wie in der Natur durch Sträucher und Bäume hangeln dürfen.

Geißblatt

Die zumeist stark duftenden Heckenkirschen, botanisch *Lonicera*, stellen an den Boden kaum Ansprüche.

- *Lonicera brownii* 'Dropmore Scarlet', 4 m, scharlachrot, lange Blütezeit von Mai bis Herbst
- *Lonicera periclymenum* 'Belgica', 3 m, karminrosa mit rahmweiß, Blüte im Mai/Juni und September
- *Lonicera heckrottii*, 3–4 m, gelb mit röt lich-violett, Blüte von Juni bis September

Die Clematis 'The President' gehört zu den robusten Hybriden, die nicht welkanfällig sind. Ihre purpurblauen Blüten sind exquisite Schnittblumen.

Clematis

Die folgenden, zum Teil kleinblumigen Sorten sind nicht anfällig für die gefürchtete Clematiswelke. Sie haben geringe Bodenan sprüche und sind sehr robust. Deswegen ziehe ich sie den großblumigen Sorten vor. Der Grund für die Resistenz dieser Sorten liegt darin, dass mehr Wildclematis-Anteile, zum

Beispiel aus der Viticellagruppe, hineingekreuzt wurden.

- ‘Madame Julia Corrévon’, weinrote Blüten von Juni bis September, 2 m
- ‘Perle d’Azur’, himmelblaue Blüten von Juni bis Oktober, reichblühend und unverzichtbar, 3–4 m
- ‘Prince Charles’, hellblaue Blüten von Juni bis September, sehr reich blühend, 2–3 m
- ‘Venosa Violacea’, violett mit breiten weißen Adern, Blüte von Juni bis September, 3–4 m
- ‘Royal Velours’, purpurrot-violette Blüten von Juni bis September, 2–3 m
- ‘Lady Diana’(syn. ‘The Princess of Wales’) leuchtend rosa, tulpenförmige Blüten von Juni bis Oktober, 2 m

Weitere Top-Clematis sind: ‘Rubra’, ‘Blue Boy’, ‘Etoile Violett’, ‘The President’, ‘Jackmanii’, ‘Francis Rives’, ‘Gipsy Queen’, ‘Niobe’, ‘Purpurea Plena Elegans’ und ‘Ville de Lyon’.

Ramblerrosen

Nur mit viel Schnittarbeit lassen sich die wüchsigen, einmal blühenden Ramblerrosen in kleineren Gärten halten. Pflanzen Sie lieber die öfterblühenden Rambler, die niedriger bleiben.

- ‘Ghislaine de Féligonde’, dottergelb, zu Zartgelb verblassende Blüten mit

'Ghislaine de Féligonde' verträgt leichten Halbschatten.

lebhaftem Farbenspiel von Juli bis Herbst, fast stachellos, 2–3 m

- 'Super Excelsa', karminrosarote Blüten von Juli bis Herbst, 1,5–2,5 m
- 'Super Dorothy', rosa Blüten von Juli bis Herbst, 1,5–2,5 m
- 'Hermann Schmidt', lila-karminrot, öfterblühend, 2 m
- 'Momo', dunkelrote Blüten, Blätter im Herbst kupferfarben, öfterblühend, 2,5 m
- 'Guirlande d'Amour', cremeweiße Blüten mit Gelb, öfterblühend, 2,5 m

Herbst

Die vitale Kraft der Goldnessel

Sie ist ein schöner Bodendecker, breitet sich allerdings hemmungslos aus. Wie aber wird man sie am besten wieder los?

Es gibt Pflanzen, die mit ihrer Vitalität ihre sie betreuenden Bezugspersonen um einiges übertreffen. Nehmen wir zum Beispiel die ganzjährig attraktive Goldnessel *Lamiastrum galeobdolon*. Auf humusreichen Böden schickt sie meterlange, immergrüne Triebe wie Fangarme in alle Richtungen. Sie kriechen flach am Boden und bewurzeln sich überall, wo es nur eben geht. Mit ihr verbindet mich eine inzwischen 20-jährige Beziehung.

Aus einem großen Park in meiner Nähe stibitzte ich einige Triebspitzen. Das bezeichnet ein Gartenfreund als „Handtaschenvermehrung". Übrigens sollen diese Pflanzen ja besonders gut anwachsen und gedeihen. Das hat sich wahrlich bestätigt. Dieser schöne Bodendecker eroberte alle Beete, in die ich die schwächlich aussehenden, leicht angewelkten Triebe steckte.

So gut so schön – zu Anfang. Mit wachsendem Gartenverstand brauchte ich einfach mehr Platz für neue Ideen. Der Kampf begann: zeitgleich mit dem Kampf gegen das Pfennigkraut *Lysimachia nummularia*, das ich übrigens ehrlich in einem Gartencenter

Die Goldnessel *Lamiastrum galeobdolon* eignet sich eher für Parkanlagen als für Privatgärten. Die vitale Pflanze breitet sich stark aus.

erworben habe. Wohl deshalb ist es nicht ganz so invasiv. Was soll ich Ihnen sagen: Ich habe nicht gewonnen. „Die kriege ich ja nie wieder aus dem Garten raus“, beklagte ich mich bei einer Gartenfreundin. „Nur Geduld“, meinte sie, „ich hab es auch geschafft.“ Nun, ich nicht. Beide Pflanzen sind einfach vitaler als ich. Jede Abwesenheit

Was tun gegen den Ausbreitungsdrang?
Zuerst einmal ist dauernde Kontrolle notwendig. Die Goldnessel wächst auch im Winter noch weiter! Wenn Sie vermeintlich alle Wurzeln entfernt haben, genügt ein kleines, übersehenes Teilstückchen, aus dem erneut ein ganzer Teppich werden kann. Jetzt gibt es zwei Möglichkeiten: Legen Sie auf den gejäteten Boden ein Stück Teichfolie, durch das die Wurzeln nicht hindurchkommen. Oder setzen Sie an diesen Platz Pflanzen, die den Boden ganz dicht abdecken. Am besten eignet sich dazu die immergrüne Elfenblume *Epimedium* x *versicolor*. Sie bildet ein dichtes Blätterdach und lässt unerwünschten Wucherern durch dichte Verwurzelung keinen Platz. Aber auch *Hosta*, Taglilien, Kapuzinerkresse und Kartoffeln bedecken den Boden gut. Beide Methoden lassen sich auch gegen Giersch anwenden.

ihrer Feindin nutzen sie aus, um überall wieder auszutreiben und sich durchzusetzen. Warnen möchte ich Sie auch vor der Rose *Rosa multiflora*: Ähnlich wie bei der Forsythie bildet sie überall, wo sie Bodenkontakt hat, neue Wurzeln und gebärdet sich dabei übertrieben heckenartig. Fünf Meter hat sie in der Breite schon geschafft. Nun ist in der Obstwiese am Zaun Platz genug, deshalb dulde ich ihren Ausbreitungsdrang. Trotzdem: Eigentlich müsste auf den Etiketten sol-

Ein idealer Bodendecker, auch für trockene Schattenplätze, ist die immergrüne Elfenblume. Das dichte Blattwerk hält unliebsame Wucherer wie Giersch in Schach. *Epimedium* x *rubrum* hat schön gezeichnete Blätter.

cher Pflanzen ein Warnhinweis stehen. Etwa so: „Vitale Pflanze. Vor ihrem gnadenlosen Ausbreitungsdrang wird gewarnt.“

Die Sonnenblume, die nach Kakao duftet

Es gibt Blumen, an denen man erst gar nicht riecht, weil man ihnen keinen Duft zutraut. Dazu gehört für mich diese alte Sonnenblume, die früher überall in den Bauerngärten wucherte.

Haben Sie auch diese Stauden-Sonnenblume mit dem botanischen Namen *Helianthus atrorubens* im Garten? Wenn ja, dann stecken Sie einmal Ihre Nase in die Blüte. Sie werden überrascht sein.

Ich habe den Duft dieser mannshohen Blume erst vor zwei Jahren entdeckt. Verblüfft stellte ich fest, dass sie nach Kakao riecht. Allerdings erschnuppert man den warmen, süßen Kakaoduft nur dann, wenn man die Nase tief in die kleine Sonne steckt. „Wie Schokolade mit Honig", schrieb dazu Frider Plenzat in seinem leider vergriffenen Buch „Duftende Pflanzen in Haus und Garten".

Die Stauden-Sonnenblume hat rote Stängel, wie schon der botanische Artname *atrorubens* sagt. Meine Sonnenblume hingegen nicht, aber der Duft stimmt. Vielleicht ist es *Helianthus rigidus?* Ich bin noch auf der Suche nach dem richtigen Namen. Wegen ihrer Eroberungswut ist sie in den modernen Gärten nicht mehr so gefragt. Aber auf dem Land wächst sie noch, angelehnt am Zaun oder am Gartentor. Am besten gibt man ihr

Die Schokoladenblume *Berlandiera lyriata* hat ein intensives Vollmilchschokoladen-Aroma.

einen Platz, an dem sie ihre Nachbarn nicht ersticken kann. In jedem Frühjahr entferne ich einfach mit einem Ruck alle überzähligen Ausläufer samt den Wurzeln und halte sie so in Schach. Von Mitte August bis Oktober erfreut sie mich dann fast acht Wochen lang mit ihren Blüten. Seit meiner Entdeckung wird ihr köstliches Aroma nun auch von

Duftet nach Zartbitterschokolade: Die Kosmee *Cosmos atrosanguineus.*

Freunden gewürdigt und das mit dem größten Vergnügen. In Experimenten wurde übrigens festgestellt, dass schon der Geruch von Schokolade entspannt. Die Stauden-Sonnenblume taugt also auch zur Aromatherapie.

Noch mehr Blüten mit Schokoladenduft

Jetzt bin ich auf den Geschmack gekommen und habe nach weiteren Blüten mit Schokoladenduft Ausschau gehalten:

- Spanische Schwarzwurzel *Scorzonera hispanica*, Wintergemüse, Aussaat im April, Blüte im 2. Jahr, angenehmer Schokoladenduft, große, gelbe Blüten von Juni bis Juli

- Schokoladenblume *Berlandiera lyriata,* ausgeprägtes Schokoladenaroma, gelbe Blüten von Juni bis September, Kübelpflanze, frostfrei überwintern
- Schokoladen-Kosmee *Cosmos atrosanguineus,* burgunderrote Blüten von Juni bis Oktober, Zartbitterschokoladen-Aroma, Knollen wie bei Dahlien frostfrei überwintern
- Schokoladen-Iris *Iris barbata* 'Louvois', köstlicher Pralinenduft, rotbraune Blüten im Mai

Zwiebelblumen stecken und verstecken

Die Zwiebelblumen müssen möglichst noch im September, spätestens im Oktober in die Erde, damit sie sich vor dem Winter noch gut bewurzeln. Pflanzen Sie gleichzeitig die passenden Stauden dazu. Sie haben die Aufgabe, das gelbe Laub nach der Blüte zu verstecken.

Schaffen Sie es, die Zwiebelblumen rechtzeitig zu pflanzen? Ich höre da ringsherum merkwürdige Geschichten. Ein besonders guter Termin scheint der Tag vor Heiligabend zu sein. Oder Sylvester. Das ist durchaus in Ordnung, denn die Hauptsache ist ja, dass der Boden noch frostfrei ist. Das ist um diese Jahreszeit fast immer gewährleistet. Ich habe aber auch schon von verzweifelten Versuchen gehört, Löcher mit der Spitzhacke in den gefrorenen Boden zu hacken, um die Zwiebeln einzubringen. Immer noch besser, als sie im Schuppen oder auf dem Kompost vor sich hin keimen zu lassen. Obwohl ich einmal damit recht gute Erfolge erzielt habe. In der Annahme, jetzt sei ja ohnehin alles zu spät, habe ich sie im Winter auf den Kompost geworfen. Im Frühling konnte ich von meinem „Kompostbeet“ Narzissen und Tulpen ernten.

In diesem Jahr möchte ich es jedoch mal ganz nach Vorschrift machen und dabei gleich meine Staudenbeete renovieren. Die

Das fröhliche Frühlingsbeet mit Kaiserkronen, Gemswurz und Narzissen hinterlässt nach der Blüte vergilbendes Laub. Am besten gleich bei der Anlage Stauden dazusetzen, die das unansehnliche Laub verdecken.

sollen ja regelmäßig, am besten alle drei Jahre, überholt werden. Viele Stauden müssen von Zeit zu Zeit geteilt werden, damit sie gut blühen. Außerdem werden die zart besaiteten Raritäten von robusteren Pflanzen regelrecht überrannt – und erstickt! Diesen „Eroberern“ muss Raison beigebracht werden: Sie werden gnadenlos mit dem Spaten verkleinert.

Die große Renovierung ist der richtige Moment, gleich die Frühlingszwiebeln unterzubringen, am besten mit den passenden Stauden kombiniert, die das nach der Blüte unordentlich aussehende Laub mit ihrem üppigen Blattwerk gnädig verstecken. Denn das dürfen wir ja erst abschneiden, wenn es gelb wird.

Pflanzenkombinationen mit Blumenzwiebeln

Um den Platz gut auszunutzen, können Sie Blumenzwiebeln einfach übereinander schichten. Zuerst die größeren wie Narzissen und Tulpen, darüber eine Schicht Erde und dann – etwas versetzt – die kleineren Zwiebeln von Schneeglöckchen, Krokussen, Perlhyazinthen und *Scilla*. Am besten nicht horstartig, sondern als geschwungene Bänder pflanzen. Dann wird das vergilbende Laub leichter von den austreibenden Nachbarpflanzen verdeckt. Dazu eignen sich *Hosta, Rodgersia, Brunnera* und Christrosen. Im Hintergrund sorgen frühaustreibende Sträucher für mehr Fülle. Gute Kombinationen sind:

- Narzissen zu Taglilien, davor Gemswurz und Schlüsselblumen, dazwischen Perlhyazinthen
- Tulpen und Vergissmeinnicht zu Christrosen
- Zu Farnen im Austrieb lilienblütige Tulpen
- Krokusse und Schneeglöckchen zu Aronstab *Arum italicum*. Sie heben sich vor den weißgezeichneten Blättern gut ab. Dahinter *Helleborus foetidus* mit maigrünen Blütenglöckchen

Gute Partner sind pflegeleichte Stauden wie Taglilien, Frauenmantel, Storchschnabel und *Hosta*. Die robusten Taglilien treiben schon früh im Jahr ihr frischgrünes Laub: ein idealer Hintergrund für Narzissen und Tulpen. Die Kombination mit den vielseitigen *Hosta* ist auch zu empfehlen. Sie teilen sich den knappen Platz besonders ökonomisch, denn die schönen Blattschmuckstauden entfalten sich erst, wenn die Narzissenblüte vorbei ist. Und wenn das Laub im ersten Jahr der Pflanzung als Ordnungshüter noch nicht ausreicht, könnte ich Blätterzöpfe flechten. Die sehen auch ohne Versteck ordentlich aus.

Die Elfenwiese

Die kleinen Zwiebelblumenraritäten bilden in unserem Garten schon ab Februar eine schöne Blumenwiese unter einer großen Esche. Einmal gepflanzt, vermehren sich die blauen Zwergiris *Iris reticulata*, Krokusse, darunter der Elfenkrokus *Crocus tommasinianus*, der der Frühlingswiese seinen Namen gab, Schneeglanz *Chinodoxa, Ornithogalum, Scilla siberica* und Wildtulpen Jahr für Jahr. Schön dazu sehen Scharbockskraut und Buschwindröschen aus, die sich dort von selbst ausgesät haben. Die Mischung kann man ganz individuell zusammenstellen. Wählen Sie nur kleinblütige Zwiebelblumen. Dann wirkt die Miniaturwiese, die bei uns zwei Quadratmeter einnimmt, als ob sich hier des Nachts die Elfen vergnügen. Die Blumenzwiebeln verwildern leicht. So wird die Wiese mit den Jahren immer schöner.

Kürbisse sind auf Erfolgskurs

Sie lassen sich so kinderleicht anbauen wie ihre beliebten Verwandten, die Zucchini. Das kalorienarme, vielseitige Supergemüse schmückt Garten und Haus – und landet irgendwann unweigerlich im Kochtopf oder wird zur Halloween-Dekoration.

Landauf und landab türmen sich die weithin leuchtenden Fruchtbarkeitssymbole auf den Marktständen, rund oder oval, flaschenförmig, sogar dreikantig und turbanförmig – von zart-lachsfarben bis knallorange, blass- oder goldgelb, steingrau, milchweiß oder dunkelgrün. Es gibt sie in allen Größen, bis zum Schwergewicht des Riesenkürbis mit dem bezeichnenden Namen 'Gelber Zentner'. Die Heimat der Winterkürbisse ist das warme Mexiko. Kolumbus brachte sie im 16. Jahrhundert nach Europa, aber erst jetzt ist ihr Siegeszug bei uns nicht mehr aufzuhalten.

Trotz der eigenen Ernte kaufe ich in jedem Jahr Kürbisse in allen Farben und Formen dazu. Weil ich der leuchtenden Pracht nicht widerstehen kann, aber noch aus einem anderen Grund. Nachdem sie im Winter das Haus dekorativ geschmückt haben, werden sie nach und nach in der Küche verwertet und die Reste auf dem Kompost entsorgt. Einige der Samen keimen dort; eine Arbeit

Ein ausgehöhlter Riesenkürbis wärmt Herz und Gemüt und erhellt dunkle Herbstabende.

sparende, aber unberechenbare Methode der Aussaat und höchst spannend. Die tropisch wirkende Kompostbedeckung mit den großen gelappten Blättern und goldgelben Blütentrompeten entsteht nach meiner Lieblingsmethode ganz von selbst. Aber die jungen Kürbispflanzen sollten später vor den Kompost gesetzt werden, da sie ihm zu viele Nährstoffe entziehen. Dort ranken auch seine Kollegen, die kletternden Zucchini 'Black Forest' und die kugelrunden 'Rondini'. Bis spät in den Herbst liefert mir die ganze Gesellschaft auch noch reichlich Blüten, die sich so gut mit einer Farce füllen lassen. Ausprobieren möchte ich in diesem Jahr Kürbisrezepte aus aller Welt: Tarte und Muffins aus Amerika, aus Afrika Puffer mit Zimt

und Zucker, vielleicht ein japanisches Tempura oder italienische Kürbisgnocchi und für kalte Tage ein feuriges Curry aus Indien. Ob es mit Ingwer oder Zitronengras, Zimt und Zucker, Knoblauch oder Chili gewürzt wird, ist dem internationalen Gemüse mit dem neutralen Geschmack ganz egal. An einer Tradition halten wir seit Jahren fest: Die Kürbissuppe ist ein immer wiederkehrender

Das ist Tradition: Jedes Jahr gibt es bei uns eine Kürbissuppe, die im Kürbis serviert wird.

herbstlicher Hit, im ausgehöhlten Kürbis serviert, mit Kräutern, gerösteten Kürbiskernen, Garnelen, Schinkenwürfel, Lachs oder Aal angereichert. Doch die wichtigste Aufgabe – jedenfalls für einen Riesenkürbis – ist die Begrüßung der Gäste als erhellendes Novemberlicht vor der Haustür.

Küchentipp

Kürbissuppe im Kürbis

400 g Kürbisfruchtfleisch
200 g Kartoffeln
2 Esslöffel Butter
3/4 l Gemüsebrühe
1/4 l Milch oder Sahne
Salz, Pfeffer

Von einem mittelgroßen Kürbis einen Deckel abschneiden. Den Kürbis mit einem Löffel vorsichtig aushöhlen, einen ausreichenden Rand stehen lassen, damit er stabil bleibt. Das feste Fruchtfleisch würfeln, zusammen mit den gewürfelten Kartoffeln in Butter kurz andünsten. Mit Brühe und Milch auffüllen und 15 Minuten köcheln lassen. Mit dem Pürierstab pürieren, mit Salz und Pfeffer abschmecken und in den Kürbis füllen. In den Deckel eine Kerbe für den Suppenlöffel schneiden. Die Suppe im Kürbis bleibt auch längere Zeit erstaunlich heiß! Keinesfalls den Kürbis zum Warmhalten in den Backofen stellen, dort wird er weich. Mit verschiedenen Zutaten nach Wahl auf kleinen Tellern auf dem Tisch arrangieren. Jeder Esser kann davon kleine Portionen zum Würzen nach Lust und Laune in die Suppe rühren.

Gefüllte Kürbis- und Zucchiniblüten
Den wattigen Stempel im Innern entfernen. Sie können die Blüten wahlweise mit gekochtem Reis, Fisch, Hackfleisch oder einer Ricotta-Spinatmischung füllen. Dann kurz in Öl oder in wenig Gemüsebrühe dünsten und mit einer Tomatensauce auf einem heißen Spinatbett servieren. Oder füllen Sie die Blüten mit einer Frischkäse-Kräuter-Füllung. Mit einem kleinen Kräutersalat eine schnelle Vorspeise.

Zucchinicarpaccio
2 kleine gelbe Zucchini
Cocktailtomaten, halbiert
Meersalz, Pfeffer
Olivenöl, Zitonensaft
Parmesan, am Stück
Kräuter nach Wahl, z. B. Oregano, Schnittlauch, Fenchel, Ysop, Basilikum oder Estragon, Alliumblüten, Kapuzinerkresseblüten

Zucchini hauchdünn in Scheiben hobeln und auf einem großen Teller kreisförmig auslegen. Mit Olivenöl und Zitronensaft beträufeln und würzen. Tomaten, fein gehackte Kräuter, Blüten und gehobelten Parmesan darauf verteilen.

Herbstliche Rosenfreuden

Feuerrote Hagebutten, goldene und rostrote Blätter und die letzten Blüten: Rosen haben auch im Herbst noch viel zu bieten.

„Späte Rosen im Garten lassen einen schönen Herbst erwarten." So lautet eine der unzähligen Wetterregeln aus dem Volksmund. Das hoffen wir alle, aber die Rosen haben zu dieser Jahreszeit noch mehr als späte Blüten zu bieten.

Jedes Jahr im Herbst überraschen mich die goldgelb leuchtenden Blätter der Japanischen Apfelrose *Rosa rugosa,* die als Füllsträucher in der Rosenhecke sonst wenig beachtet werden. Sie sind nur das „Fußvolk", wenn die anderen Rosen mit ihren wunderschönen Blüten wie 'Reine de Violettes', 'Empress Josephine' und 'Honorine de Brabant' meine Aufmerksamkeit auf sich ziehen. Auch wegen der Sternrußgefahr muss ich sie im Auge behalten.

Die robusten, runzligen Blätter der Apfelrose, die wegen des Blattwerks, das dem der Kartoffel ähnelt, auch Kartoffelrose genannt wird, sind hingegen absolut krankheitsfrei, sogar die Blattläuse lassen sie ungeschoren.

Diese winterharten Rosen aus Japan, die längst bei uns eingebürgert sind, duften und blühen unermüdlich, fruchten zu gleicher Zeit und schmücken sich mit einer schönen Herbstfärbung. Was will man mehr!

Hagebuttenlikör mit Süßweinaroma lässt sich leicht herstellen. Dabei müssen die Hagebutten nicht entkernt werden. Der Geschmack intensiviert sich durch längere Lagerzeit.

Wer sich für Rosen begeistert, tut dies in erster Linie wegen der Blüten, auch ich. Dann entdeckte ich bei einem herbstlichen Besuch im Rosarium in Dortmund den schönen Hagebuttenschmuck der Wildrosen und ihre auffallende Herbstfärbung. Seitdem wird unsere kleine Obstwiese am Ende des Gartens von einer reich fruchtenden Wildrosenhecke eingefasst, die gerade im Herbst noch einmal das Interesse von Menschen und Vögeln weckt.
Ein besonderes Schmuckstück ist die Glanzrose *Rosa nitida* mit ihren grünen, glänzenden Blättchen im Sommer und der rostroten Herbstfärbung. Die schon im Mai blühende *Rosa hugonis* ist auch nach der Blütezeit mit ihrem farnartigen Laub, das sich im Herbst

zudem noch golden färbt, immer ansehnlich. Feuerrot färbt sich das Blattwerk von *Rosa pimpinellifolia* 'Red Nelly', die kugelige, schwarze Hagebutten trägt. Namengebend war hier das Küchenkraut Pimpinelle, das ähnliche rundliche oder spitzovale Fiederblättchen zeigt und mit den roten, kugeligen Blüten auch als Begleitpflanze zu diesen Rosen passen würde.

Wunderschön ist diese Herbstdekoration mit Hagebutten, Ebereschen und Zierkürbissen. Die fedrigen Samenstände der Clematis lockern das kompakte Bild auf.

Und nicht zuletzt lassen sich in diesen farbenfrohen Herbstwochen Rosenlaub, Hagebutten und die letzten Rosen zu wunderschönen Sträußen binden. Wer dann noch Zeit und Lust hat, kann die köstlichen Hagebuttenrezepte ausprobieren. Notfalls mit Hagebuttenmarmelade aus dem Reformhaus.

Küchentipp

Hagebuttenmark
1 kg reife Hagebutten
Hagebutten halbieren, entkernen und waschen. Dabei die Härchen gründlich entfernen, sie können zu Reizungen des Magens führen. In ein Porzellangefäß geben und knapp mit Wasser bedeckt 3 Tage stehen lassen. Hartschalige Hagebutten vorher kurz aufkochen lassen. Die weichgewordenen Hagebutten durch ein Sieb rühren. Das Mark kann für Marmeladen und Saucen verwendet werden.

Hagebuttenlikör
500 g Hagebutten
1/2 l Korn
200 g Kandis
Blüten und Stiele von den Hagebutten entfernen (hierbei können die Hagebutten ganz bleiben) und in eine weithalsige Flasche geben. Mit dem Korn übergießen und den Kandis hinzufügen. Nach 2–3 Monaten absieben und ein Jahr lagern. Dann hat der Likör ein angenehmes Südweinaroma entwickelt.

Hagebuttenmarmelade

500 g Hagebuttenmark
500 g Gelierzucker
Das Hagebuttenmark mit dem Gelierzucker verrühren und unter Rühren 4 Minuten sprudelnd kochen lassen. Noch heiß in saubere Gläser füllen und sofort verschließen. Schmeckt gut als Füllung für Pfannkuchen.

Hagebuttensuppe

500 g Hagebuttenmark
2 Gläser Weißwein
Zucker nach Geschmack
4 Esslöffel Schlagsahne
Mandelblättchen
Das Hagebuttenmark mit dem Wein verrühren, kurz aufkochen lassen und mit Zucker abschmecken. Mit Sahne und gerösteten Mandelblättchen servieren.

Hagebuttensauce

250 g Hagebuttenmark
Zitronensaft
Zucker
Das Mark mit wenig Wasser verdünnen und mit Zucker und Zitronensaft abschmecken. Als Sauce zu Vanille- oder Grießpudding reichen und ungezuckert mit Wildfond zu Wildgerichten.

Bevor die Blätter fallen

Der Herbst ist meine liebste Jahreszeit. Die warme Palette in Gelb, Rot und Orange taucht den Garten in ein fast orientalisch anmutendes Farbenspiel.

Wie immer war der Sommer viel zu kurz. Ist alles schon wieder vorbei? Noch nicht ganz. Erst einmal genieße ich den Herbst mit allem, was dazu gehört. Farben zum Sattsehen, tiefblauer Himmel und erfrischend klare Luft. Genug, um goldene Momentaufnahmen für den Winter zu sammeln. So schwer fällt mir der Abschied von der schönsten Jahreszeit gar nicht. Der Wandel der Jahreszeiten bringt schließlich Abwechslung. Wie langweilig, wenn es immer Sommer wäre.
Ich liebe den Herbst mit seinem opulenten Farbfeuerwerk und den morbiden Düften von Chrysanthemen und fallendem Laub. Noch wehen die langen feuerroten Fahnen der Jungfernrebe am Bogen über dem Eingang zu unserem Haus. Wüchsig und robust ist sie, die weniger bekannte Schwester des Wilden Weins mit den fünffingrigen Blättern. Sie könnte doch wunderbar eine Laube überspinnen, fällt mir ein. Und plötzlich, während man darinnen sitzt, fallen die Blätter wie auf Kommando ab und bilden einen leuchtend roten Blätterteppich auf Bank und Boden.

Unser Garten im Herbst: Zu den rötlich verfärbten Blättern von Hartriegel und Felsenbirne und dem Perückenstrauch 'Golden Spirit' setzen Eiben dunkle Akzente.

Die scharlachrote Färbung der Blätter der großen Felsenbirne am Teich ist Aufsehen erregend, aber leider, wie bei der Rebe, fallen sie viel zu früh.
Meine neueste Erwerbung in diesem Jahr ist die Rebe *Vitis coignetiae* mit spektakulärer Herbstfärbung. Jedes Blatt zeigt im Herbst eine andere Färbung in Purpur, Scharlachrot und Gold. Dazu könnte ich für dramatische Effekte noch lavendelfarbene Herbstastern, rote Lampionblumen und die Kermesbeere mit den schönen lilafarbenen, brombeerartigen Früchten pflanzen.
Wenn die Blätter fallen, fällt auch dieser Vorhang endgültig. Das nächste Bühnenbild im Gartentheater gehört dann dem Winter.

Winter

Streit im Garten

Das leidige Thema Winterschnitt führt oft zum Streitfall zwischen Mann und Frau. Oft passen die Ansichten darüber einfach nicht zusammen.

„Ein Garten verlangt jeden Tag nach seinem Herrn", behauptet der Verfasser eines 80 Jahre alten Gartenbuchs. Das mag stimmen, aber meistens hat ein Garten zwei davon. Die sind sich leider nicht immer einig, welche Bedürfnisse des Gartens wie erfüllt werden sollen. Eine Gartenfreundin klagte neulich: „Wir könnten eine bessere Ehe führen, wenn wir keinen Garten hätten." Streitpunkte gibt es genug. Zum Beispiel beim Schneiden.
Jetzt im Winter geht es wieder los mit der beliebtesten Tätigkeit des Mannes. Mit der Astschere in der Hand hält er Ausschau nach allem, was überhängt. Bei uns sieht das etwa so aus: Schnipp hier und schnipp da, geht mein Mann suchenden Blickes über das Gelände. Eigentlich müsste ich ihm auf Schritt und Tritt folgen. Denn so mancher romantisch herunterhängende Zweig fiel ihm schon zum Opfer. Ich mag Romantik, er liebt es ordentlich.
Zugegeben, manchmal reagiere ich darauf etwas übertrieben. Wie neulich, als ich aus der Haustür trat und sah, dass er der Hängebirke vor dem Haus einen gleichmäßigen

Fassonschnitt verpasst hatte. Die genauen Details behalte ich lieber für mich. Nur so viel: Zu unserem „Versöhnungsritual" gehört eine Flasche Eiswein. Den hat uns unsere Lieblingswinzerin aus der Pfalz zu diesem Zweck geschenkt, als wir bei einer Weinprobe Parallelen des allgemeinen ehelichen Verhaltens bei der Gartenarbeit entdeckten. Den Wein trinken wir allerdings nicht, sondern bewahren ihn für den Ernstfall auf. Wenn keine 100 Prozent auf der Streitskala erreicht sind, bleibt er im Keller. Es genügt schon, wenn mein Mann fragt: „Soll ich etwa den Eiswein holen?" Manchmal sind wir nahe dran. Wenn zum Beispiel wieder eine gerade gepflanzte Rose aus „Versehen" dem Rasenmäher zum Opfer fiel. Oder der Heckenschnitt ein bisschen zu gründlich ausfiel. „Das wächst wieder nach", beruhigt mich mein Mann. Recht hat er. Schon zipfeln ein paar längere Zweige der Birke aus dem Fassonschnitt heraus. Ein Signal der Hoffnung. Vielleicht sollte ich alles etwas lockerer sehen.

„Haben Sie den Eiswein schon getrunken?", fragt unsere Winzerin bei jedem Besuch. „Bis jetzt noch nicht", lautet regelmäßig unsere Antwort. Das ist auch gut so, denn er wird mit den Jahren immer besser. Wie unsere „Streitkultur" im Garten.

Die schlichten Freuden des Winters

Die neue Einfachheit ist auch im Garten ein Trend. Der Garten im Winter ist von Natur aus schlicht. Umso mehr kann man sich auf die Blütenfülle des Sommers freuen.

Den Jahreszeiten bin ich gedanklich oft um eine Saison voraus, manchmal auch um zwei. Schon im Sommer lag auf meinem „Coffeetable" – wie der Beistelltisch in England heißt, auf dem die dekorativen „Coffeetablebooks" so gut aussehen – schöne Bildbände über Gärten im Winter.

Der Garten reduziert sich jetzt auf seine Strukturen. Plötzlich ist alles nur noch „Rahmenhandlung". Eiben, Buchsbaum und Hainbuchenhecken mit ihren grafischen Linien überzeugen mit einer Klarheit, die erst zur Geltung kommt, wenn alles andere in den Hintergrund tritt. Der Garten ist so sparsam möbliert wie eine moderne Wohnung. Jedes verbliebene Möbelstück wirkt plötzlich kostbar: das dunkle Geäst der Bäume, der Ilex mit Beerenschmuck, die farbigen Zweige des Hartriegels.

Cornus alba 'Sibirica', der rote Hartriegel, sieht im Sommer eher langweilig aus. Fast freue ich mich darauf, dass er seine Blätter verliert. Denn der dramatische Auftritt in Lackrot vor Eibengrün ist seine eigentliche Aufgabe.

Mit Raureif überzuckerte Rosen wirken im Winter wie Kleinode.

Am Teich steht sein Cousin *Cornus stolonifera* 'Flaviramea' mit gelben Zweigen, die zusammen mit einem Goldliguster die Wintersonne unterstützen.

Der Hartriegel, der seinem Namen alle Ehre macht, sollte alle 1–2 Jahre im Frühjahr bis zur Basis zurückgeschnitten werden, um einen Neuaustrieb anzuregen. Die jungen Zweige sind besonders intensiv gefärbt. Außerdem verhindert ein regelmäßiger Rückschnitt, dass sich die überhängenden alten Zweige am Boden bewurzeln und irgendwann ein undurchdringliches Dickicht bilden.

Auch die Eibenhecken fallen erst richtig auf, wenn ringsherum Blattwerk und Blüten verschwunden sind. Schnee oder Raureif sind

sozusagen das Sahnehäubchen auf ihrer immergrünen Standfestigkeit. Die letzten Rosen und die Hagebutten, die die Vögel verschmäht haben, sind mit Raureif überzuckert und werden wie Kleinode in der winterlichen Kargheit präsentiert. „Schlichtheit ist der neue Trend im Garten", sagt die englische Garten-Queen Penelope

Der Schnee hat der Buchskugel eine weiße Haube aufgesetzt.

Hobhouse. Genießen Sie mit mir die Schlichtheit des Winters und freuen Sie sich auf die Üppigkeit des nächsten Sommers.

Kräutertees und Badespaß

Jetzt habe ich endlich Zeit, die getrockneten Kräuter zu sichten und Mischungen für Tees und für die Badewanne herzustellen. Auch für kleine Duftsäckchen bleibt noch etwas übrig.

Wenn ich nach winterlichen Aufräumarbeiten im Garten durchgefroren ins Haus komme, gibt es nichts Besseres als eine private Wellnesskur im Badezimmer. Wenn ich den Abend zu Hause verbringe, wähle ich zum Beispiel eine entspannende Mischung aus Lavendel, Rosenblüten und Zitronenmelisse für das Badewasser. Das riecht so verlockend, dass ich mir eine Tasse Tee aus diesen Kräutern aufbrühe und mit ins Bad nehme. Gehe ich abends noch aus, machen mich ein Rosmarin-Aufguss im Badewasser und eine Prise Rosmarin im Kräutertee wieder munter. Manchmal darf es aber auch ein Glas Rotwein oder Champagner sein. Dazu gehören natürlich viele Kerzen und gute Musik.
So schön das klingt, leider mache ich es viel zu selten! Duschen geht eben schneller. Na ja, ich schreibe es mal auf meine Gute-Vorsätze-Liste. Direkt unter den Vorsatz, ein oder zwei Abende für die Herstellung von Duftsäckchen vorzusehen! Das ist eine schöne, entspannende Tätigkeit – auch beim Fernsehen. Einfach die Kräuter, vorzugsweise Zitronenverbene oder Lavendel, die ihren

So hübsch verpackt sind getrocknete Kräuter ein schönes Geschenk.

Duft lange behalten, in ein viereckiges Stückchen Musselin legen und oben mit einem farbigen Stoffband zubinden. Das war's schon. Dafür reicht die Zeit immer, man muss sie sich nur nehmen. Auf jeden Fall sind die kleinen, möglichst prall gefüllten Beutel ein schönes Geschenk zu Weihnachten. Wenn Sie die Kräuter und Blüten von den Stielen zupfen, werfen Sie diese bitte nicht weg. Ich bündele sie mit Bast oder grobem Band und verwahre sie in einem Korb für das nächste Kaminfeuer. Das sah ich neulich in der Provence. In einem großen Sandsteinkamin waren Mengen von Lavendelschnitt aufgetürmt. Den Geruch habe ich immer noch in der Nase! Was dann an Kräutern übrig ist, kommt alles in den Bauerngartentee. Die Mischung ist variabel und fällt jedes Jahr anders aus. Einige getrocknete Blüten von Rosen, Malven und Ringelblumen sind immer dabei. So sieht die Mischung im Glas fröhlich und verlockend aus.

Wenn Sie jetzt denken, ich verbringe im Sommer meine Tage damit Kräuter zu trocknen, ist das ganz falsch. Ich gehe nur ab und zu an sonnigen Tagen, nachdem der Tau morgens abgetrocknet ist, durch den Garten und pflücke hier und da einige Blüten und einen kleinen Kräuterstrauß, jeden Tag eine andere Sorte. Die ausgezupften Blütenblätter streue ich zum Trocknen auf ein großes Messingtablett mit marokkanischen Teegläsern, das gleich neben der Terrassentür im Wohnzimmer steht. Die Kräuter bündele ich mit Bast und hänge sie kopfüber an dem alten Balken in unserer Küche auf. Das ist nicht aufwändig, sieht schön aus und mit der Zeit kommt da einiges zusammen. Erst im Winter

Zum Trocknen werden die Kräuter gebündelt kopfüber an einem warmen und dunklen Ort aufgehängt.

streife ich die rascheltrockenen Kräuter von den Stielen und verarbeite sie weiter. Natürlich können Sie die Kräuter auch alle in der Apotheke kaufen. Sie selber zu ernten und zu trocknen, ist aber schon Teil des hauseigenen Wellness-Programms.

Für Tees werden die duftenden Kräuter und Blüten zerbröselt und in gut verschließbare Schraubgläser gefüllt.

Küchen- und Wellness-Tipp

Bauerngartentee

Je eine Hand voll getrocknete Himbeer- und Brombeerblätter, Erdbeerblätter und -blüten, Minze, Holunderblüten, Lindenblüten, Waldmeister und Thymian, Ringelblumen, Monardenblüten (*Monarda didyma*) und Rosenblüten. Diese Mischung kann beliebig variiert werden. Die getrockneten Blätter und Blüten grob zerbröseln und in einem Schraubglas kühl und trocken aufbewahren.

Zubereitung

Pro Tasse einen Esslöffel der Mischung mit kochendem Wasser aufgießen und 10 Minuten ziehen lassen. Nach Belieben süßen.

Duftsäckchen

1 Teil Lavendel
1 Teil Zitronenverbene
1 Teil Zitronenpelargonie
1–3 Tropfen Zitronenöl
Die getrockneten Kräuter mischen, das ätherische Öl zufügen und in kleine Stoffbeutel abfüllen.

Kräuterbad

50 g Lavendel
50 g Rosenblüten
50 g Kamillenblüten
50 g Zitronenmelisse
1 Tasse Honig
Kräuter mit einem Liter kochendem Wasser aufgießen und 15 Minuten ziehen lassen. Den Honig zugeben und dem Badewasser zufügen. Das Bad wirkt hautglättend und entspannend.

Blütenzauber mitten im Winter

Jede Blüte zählt an trüben Wintertagen.
Es lohnt sich, einige winterblühende Gehölze zu pflanzen.
Duft gibt es meist gratis dazu.

Ein blühender Kirschbaum im Winter? Nein, da hat sich keine Zierkirsche in der Jahreszeit geirrt. Die weißen Blüten von *Prunus subhirtella* ‘Autumnalis’ erscheinen ganz regulär im Herbst, noch bevor die bronze gefärbten Blätter fallen. Bis zum Frühjahr dauert die Blütezeit. An frostfreien Tagen öffnen sich immer wieder neue Knospen, später mit zartrosa Tönung. „Gehen Sie sofort auf die Suche nach diesem schönen Baum!“, forderte mich Rosemary Verey schon vor Jahren in ihrem Buch „Der Garten im Winter“ auf. Bis jetzt habe ich diesen eindringlichen Rat noch nicht befolgt. Es gibt keinen freien Platz mehr. Das kann sich ändern: Einige der unzähligen Holunder, die sich hinter unserem Rücken schnell in den Rabatten ausgebreitet haben, müssen ohnehin entfernt werden.

Der ganzjährig ansehnliche Baum ist bis -25° C frosthart und wird nur bis zu sechs Meter hoch, daher passt er auch in kleine Gärten. Warum die Winterkirsche nicht genauso beliebt ist wie ihre frühjahrsblühenden Geschwister, kann ich mir nicht erklä-

Die Blüten des Winterschneeballs *Viburnum* x *bodnantense* 'Dawn' duften an wärmeren Wintertagen nach Mandeln mit einem Hauch Honig.

ren. Bekannter ist der starkwüchsige Winterschneeball *Viburnum* x *bodnantense* 'Dawn', (die beste Sorte), mit rosaroten Blüten, zuverlässig blühend und außerdem mit wunderbarem Honig-Mandelduft, der an wärmeren Tagen durch die Luft getragen wird. Manchmal empfinde ich allerdings sein frühlingshaftes Babyrosa als etwas unpassend –

Weitere wertvolle Winterblüher

- Winterblüte *Chimonanthus praecox,* blassgelbe Blüten mit bräunlicher Mitte, geschützter Platz, Veilchenduft
- Zaubernuss *Hamamelis mollis, H. japonica,* goldgelbe und kupferrote Blüten, süßer Duft
- Winter-Geißblatt *Lonicera* x *purpusii* und *Lonicera* x *fragrantissima,* weiß mit gelber Zeichnung, Honigduft
- *Abeliophyllum distichum,* Verwandte der Forsythie, geschützter Platz, weiße Blüten, süßer Duft
- Fleischbeere *Sarcococca confusa,* intensiver Honigduft, weiße Blüten

inmitten all der kahlen Sträucher und vor einem würdig-grünen Ilex. Die weißen Blüten von *Viburnum farreri* sind dagegen nicht so auffällig und fügen sich in das winterliche Bild leichter ein. Aber das ist Ansichtssache. Noch bekannter ist der leuchtend gelb blühende Winterjasmin *Jasminum nudiflorum.* Der wüchsige Strauch wird bei uns im Garten an der Hauswand gezogen und kräftig zurückgeschnitten, weil sonst ein undurchdringliches Dickicht entsteht. Clematis duldet er nicht neben sich, wie ich schmerzlich erfahren musste.

Ob Winterkirsche, Winterschneeball oder Winterjasmin, alle drei blühen mit Sicherheit

Weiß wie Schnee sind die zarten Blüten der Winterkirsche *Prunus subhirtella* 'Autumnalis'. Sie öffnen sich schon im Herbst, bevor die bronzefarbenen Blätter fallen.

schon im November und Dezember. Aber es gibt noch mehr Blühendes im Winter. Die Liste der winterblühenden Schätze ist erstaunlich lang. Es ist schade um jeden Winter, in dem Sie darauf verzichten müssen. Ich werde auf jeden Fall in diesem Jahr endlich eine Winterkirsche bestellen.

Der Traumgarten

Eigentlich müsste unser Garten doppelt so groß sein, damit ich alle meine Wunschpflanzen unterbringen kann. Doch Platz gibt es auch in großen Gärten nie genug.

Für alle Gartenbesitzer geht allmählich die Zeit der Träumerei am Kamin mit schönen Gartenbüchern und verlockenden Katalogen zu Ende. Auch die Zeit der Illusionen und Wünsche. Der Traumgarten hat im Winter keine Grenzen, alles ist möglich. Zu seinen Eigenschaften gehört, dass er in den langen, dunklen Monaten immer größer wird, die leeren Flächen gaukeln viel Raum vor. Ohne allzu viele Gedanken an den Platz zu verschwenden, werden meine Bestell- und Wunschlisten immer länger.

Der Garten schrumpft allerdings im Frühjahr auf seine ursprüngliche Größe. Im Sommer wird er noch kleiner. Es passt buchstäblich keine einzige Pflanze mehr hinein. Die mitgebrachten Raritäten von der Reise finden nur noch Platz im Gemüsegarten oder in einem Sammelsurium-Beet, das manche auch ihren Kindergarten nennen. Diese Notlösung kann ich allerdings empfehlen. Dort werden die Neulinge nicht von Nachbarpflanzen überwuchert und ich kann ihre Qualitäten in Ruhe studieren, um den endgültig richtigen Platz für sie zu finden. Even-

Wohl geordnet und trotzdem romantisch: ein Kräutergarten mit Ringelblumen, Rhabarber, Lavendel und der Rose 'Schneewittchen' als Hochstämmchen

tuell müssen ihnen dann sogar andere Pflanzen weichen. Nicht alle Träume lassen sich verwirklichen, denn der Garten ist grundsätzlich zu klein. Das gilt übrigens – wie schon gesagt – auch für große Gärten.

Im Laufe der Saison sammeln sich allerlei Pflanzen bei mir an. Reisemitbringsel, Geschenktes, Stecklinge vom Nachbarn oder Raritäten von der Gartenfreundin. Da ist es gut, dass ich manchmal die Bestelllisten nicht abgeschickt habe. Im nächsten Winter finde ich meine Aufzeichnungen plötzlich in den Katalogen wieder, wenn ich gerade mit Genuss neue Listen anlege.

Der Vergleich mehrerer Jahre zeigt, dass einige Pflanzen immer wieder auftauchen. Diese bestelle ich dann auch. Zum Beispiel die

wunderschöne Baumpäonie 'Godaishu', die zur Blütezeit aus dem Garten wirklich einen Traumgarten macht, oder, weniger spektakulär, die reizvolle Sterndolde *Astrantia major* 'Claret' mit ihren zarten Blütensternen in dunklem Rosenrot. Oder die besondere *Campanula persicifolia* ssp. *sessiliflora,* die gut zu Sterndolden passt und in meinem lehmig-humosen Boden bestimmt gedeiht.

Über und über blühend und wunderbar aufeinander abgestimmt: so sollten die Blumenbeete im Traumgarten immer aussehen.

Zu guter Letzt siegt die Vernunft über zu viel Illusion – sicherlich richtig, wenn aus dem Traumgarten Realität werden soll. Paradox finde ich allerdings, dass mein Garten an manchen Tagen doch zu groß ist – beispielsweise wenn die Frühjahrsarbeiten beginnen.

Blumenzwiebeln

Albrecht Hoch
Potsdamer Str. 40
14163 Berlin
Tel. 030/80262-51, Fax 030/80262-22
Blumenzwiebeln, Päonien, Iris

Rosen und Clematis

Lacon
J.-S.-Piazolo-Straße 4a
Tel. 06205/4001, Fax 06205/18574, www.lacon-rosen.de
Alte Rosen, Duftrosen, Rosenbegleitpflanzen, Rankgerüste, Rosendünger, Rosenprodukte wie Rosenlikör und -kosmetik

Rosarot
Pflanzenversand
Besenbek 4b
25335 Raa-Besenbek
Tel. 0421/423884, Fax 0421/423885
www.rosarot-pflanzenversand.de
Hagebuttenrosen, Romantika Rosen, Rosen mit guter Blattgesundheit

Rosenhof Schultheis
Bad Nauheimer Str. 3–7
61231 Bad Nauheim-Steinfurth
Tel. 06032/81013, Fax 06032/85890, www.rosenhof-schultheis.de
Seltene und historische Rosen

Rosen-Jensen GmbH
Am Schloßpark 2b
24960 Glücksburg
Tel. 04631/60100, Fax 04631/2080, www.rosen-jensen.de
Historische Rosen, Englische Rosen, moderne Rosen, großes Clematisangebot

Gehölze

Baumschule Böhlje
Oldenburger Str. 9
26655 Westerstede
Tel. 04488/ 99860, Fax 04488/9986-50/51, www.boehlje.de
Gelblaubige Gehölze, z. B. Sambucus, Philadelphus

Gärtnerei Naturwuchs
Bardenhorstr. 15
33739 Bielefeld
Tel. 0521/9881778, Fax 0521/9881779, www.naturwuchs.de
Blumenzwiebeln, Hydrangea macrophylla 'Bouquet Rose', Gelb-
laubige Gehölze

Stauden, Duftpflanzen und Kräuter

Ahrends Maubach
Monschaustr. 76
42369 Wuppertal-Ronsdorf
Tel. 0202/464610, Fax 0202/464957, www.arends-maubach.de
Epimedium, Centranthus, Campanula, Salvia 'Ostfriesland'
(informativer Katalog, Gartenseminare)

Alpine Raritäten
Staudengärtnerei Jürgen Peters
Auf dem Flidd 20
25436 Uetersen
Tel. 04122/3312, Fax 04122/48639, www.alpine-peters.de
Campanula, Hepatica, Viola

BlütenBlatt
Matthias Großmann
Seeangerweg 1
31787 Hameln
Tel. 05151/924925
Fax 05151/924345
www.bluetenblatt.de
Stauden, Gräser, Farne, Küchenpflanzen, Wasserpflanzen,
Spezialität: Pflanzen mit panaschiertem Laub

Annemarie Eskuche
Am Söhnholz
29664 Ostenholz
Tel. 05167/287, Fax 05167/1271, www.stauden-eskuche.de
Schattenstauden, z. B. 30 Sorten Epimedium

Dr. Ulrich Fischer
Waterloostr. 19
38106 Braunschweig
Tel. 0531/334110, Fax 0531/340508
Hosta und Begleitpflanzen

Dieter Gaissmayer
Jungviehweide 3
89257 Illertissen
Tel. 07303/7258, Fax 07303/4181, www.staudengaissmayer.de
Duftpflanzen, Phlox, Duftveilchen, Minzenvielfalt (alljährlich Festival „Illertisser Gartenlust")

herb's
Stedinger Weg 16
27801 Nutteln
Tel. 04432/94003, Fax 04432/94004, www.herb-s.de
Duftpflanzen, Kräuter

Rühlemann's
Kräuter & Duftpflanzen
Auf dem Berg 2
27367 Horstedt
Tel. 04288/928558, Fax 04288/928559, www.ruelemanns.de
Grosses Kräuterangebot, Salbeiarten, Minzen- und Lavendelvielfalt, Duftpelargonien
(Tagesseminare)

Sarastro
Christian H. Kreß
A-4974 Ort / Innenkreis 131
Tel. 0043/664/2610 362, Fax 0043/7751/ 8424
www.sarastro-stauden.com
Winterharte Blütenstauden, darunter Glockenblumen (Campanula 'Sarastro'), Lungenkräuter und Leberblümchen

Staudengärtnerei Gräfin von Zeppelin
Weinstraße 2
79295 Sulzburg-Laufen
Tel. 07634/69716, Fax 07634/6599, www.graefin-v-zeppelin.com
Sortimentsschwerpunkte: Iris, Hemerocallis, Päonien

Staudengalerie Olaf G. Grabner
Hauptstraße 6
14806 Locktow
Tel. 033843/40410, Fax 033843/40606
www.staudengalerie-grabner.com
Duftpflanzen, Pflanzen für extreme Standorte, z. B. für trockenen Schatten

Stegmeier Gartenbau
Unteres Dorf 7
73457 Essingen
Tel. 07365/230, Fax 07365/6827, www.gaertnerei-stegmeier.de
Duftpelargonien, Kübelpflanzen

Syringa
B. Dittrich
Bachstr. 7
78245 Hilzingen-Binningen
Tel. 07739/2452, Fax 07739/677, www.syringa-samen.de
Duftpflanzen, Pflanzen mit Schokoladenduft

Verschiedenes

Essbare Landschaften
Gutshaus Boltenhagen
18516 Süderholz
Tel. 038326/5357-80, Fax 038326/5357-81
www.essbarelandschaften.de
Paketdienst für frischgepflückte Wildkräuter und essbare Blüten

Gartenbedarf-Versand
Richard Ward
Günztalstr. 22
87733 Markt Rettenbach
Tel. 08392/1646, Fax 08392/1205, www.gartenbedarf-versand.de
Formschnitt-Gartenschere, Garten-Vlies gegen Unkraut, Wurzelsperre, Hortensien-Blaumacher, Schneckenzange, Schutzärmel, z. B. für kratzfreie Rosenpflege

Literatur

Becker, Jürgen/Kuhbier, Anke: Die schönsten Rosen. Hamburg 1998
Csikszentmihalyi, Mihaly: Flow. Das Geheimnis des Glücks. Stuttgart 1999
Nickig, Marion/Rau, Heide: Romantische Rosen, Hamburg 2000
Nickig, Marion/Rau, Heide: Köstliche Blüten. Hamburg 2004
Nickig, Marion/Rau, Heide: Leckere Rezepte aus dem Kräutergarten. Hamburg 2001
Rau, Heide: Rosen schnell & einfach. München 2002
Raven, Sarah/Buckley, Jonathan: Kreative Farbgestaltung im Garten. Augsburg 2001
Verey, Rosemary: Der Garten im Winter. Ravensburg 1989

Die Fotografin bedankt sich bei folgenden Gartenbesitzern: S. 10 Reinhold Hannberger, S. 12/13 Schlossgarten Belvedere in Weimar, S. 16/17 und S. 149 Gertrud und Ernst Rupp, S. 21 und S. 26 Krista Grünberg, S. 29 Hildegard und Jürgen Caesar, S. 33 Nina Rau, S. 45 Heimatverein Flierich, S. 59 und S. 160 Die Gartengalerie, Monika Tittlbach, S. 65 Katharina Berges, S. 66 Schloß Ippenburg, Victoria von dem Bussche, S. 77 Sijtje und Dirk Stuurmann, S. 78/79 Barnsley House, S. 103 Walter Marquard, S. 115 Maria Berges, S. 119 Kreislehrgarten Steinfurt, S. 121 Westfalenpark Dortmund, S. 138 Roland Weber, S. 185 Huys de Dohm, Ineke Greve, S. 186/187 Ursula und Klaas Schnitzke-Spijker

Alle Rezepte und Dekorationen sowie die Aufnahmen auf folgenden Seiten wurden im Garten der Autorin aufgenommen: S. 30, 33, 49, 51, 57, 73, 75, 85, 87, 95, 111, 113, 123, 132/133, 165, 172/173

Gedicht auf S. 26 aus: Hermann Hesse, Im Garten.
Insel Verlag Frankfurt 1992
(c) Suhrkamp Verlag Frankfurt
„Der Duft des Veilchens“

Bibliographische Information der Deutschen Bibliothek
Die Deutsche Bibliothek verzeichnet diese Publikation in der Deutschen Nationalbibliographie; detaillierte bibliographische Daten sind im Internet über http://dnb.ddb.de abrufbar.

ISBN 3-8319-0184-8

Text und Bildlegenden: Heide Rau, Bönen-Flierich
Fotos: Marion Nickig, Essen
Gestaltung: Büro Brückner + Partner, Bremen
Lithographie: ORC Offset Repro im Zentrum, Hamburg
Druck: Girzig + Gottschalk, Bremen
Bindung: S. R. Büge GmbH, Celle